BLV GARTENBERATER

Kurt Henseler

Der Pflanzendoktor für den Hausgarten

Krankheiten und Schädlinge an Obst, Gemüse und Zierpflanzen

BLV Verlagsgesellschaft
München Wien Zürich

CIP-Kurztitelaufnahme der Deutschen Bibliothek

Henseler, Kurt:
Der Pflanzendoktor für den Hausgarten: Krankheiten u. Schädlinge an Obst, Gemüse u. Zierpflanzen / Kurt Henseler. – München; Wien; Zürich: BLV Verlagsgesellschaft, 1986.
(BLV Gartenberater)
ISBN 3-405-13226-6

Bildnachweis

Alle Fotos von Ellen Henseler, außer:

Bayer AG, Pflanzenschutz: 79; Daudt: 80l; Heimann: 46or, 53r, 56r, 57, 73r, 80r, 94u, 117r, 133, 153, 162, 172; Klapp: 37ur; Kretschmer: 68r, 85ol, 112l; von Lindner: 11; Pachtner: 47r, 105; Pfletschinger: 29, 84, 85or, 104or, 104mr, 115l, 115r, 126, 147l; Reithmeier: 38, 45l, 46ol, 46ur, 59, 63ol, 63or, 67, 69l, 71l, 71r, 72l, 75, 81, 85u, 86l, 86r, 88l, 91, 92, 94, 96l, 96r, 99, 100, 101r, 110o, 110u, 111l, 111r, 116l, 117l, 119l, 119r, 121, 122l, 122r, 123l, 124, 139l, 149r, 151, 158r; Schröder: 44l, 44r, 128l, 128r, 129l, 135l, 136l, 142l, 147r, 148l, 148r, 149l, 156;

Titelfotos: Ellen Henseler

Foto S. 2: Raupe des Kleinen Frostspanners auf einem Buchenblatt.

8000 München 40

Gesamtherstellung: Pustet, Regensburg

Printed in Germany · ISBN 3-405-13226-6

Inhalt

Vorwort

Ein Buch zu schreiben über Pflanzenschutz im Hobby-Garten ist in der heutigen Zeit ein Wagnis. Die Gartenfreunde sind im wesentlichen in zwei Lager gespalten. Die einen lehnen die Anwendung von Chemie im Garten rundum ab, die anderen sagen sich, daß das mit der Chemie so schlimm nicht sein kann. Bei ihnen herrscht dann sogar noch das Denken vor: »Viel hilft viel«.

Mit beiden extremen Richtungen kann ich mich nicht anfreunden. Nach meiner Auffassung liegt auch hier, wie sooft im Leben, die Wahrheit in der Mitte.

Als Pflanzenschutzberater habe ich jahrzehntelang die Sorgen der Hobby-Gärtner hautnah kennen gelernt. Oft konnte ich dabei feststellen, daß besonders bei der jüngeren Generation Selbstverständliches total verloren gegangen ist. Obwohl der Wunsch »zurück zur Natur« weit verbreitet ist, fehlt eine ganzheitliche Betrachtungsweise, die die logischen Zusammenhänge in der Natur verstehen hilft.

Dieses Buch soll dazu beitragen, Zusammenhänge deutlich zu machen. Es soll das Bewußtsein stärken, daß Pflanzenschutz nichts anderes bedeutet, als Pflanzen zu schützen.

Der Einsatz von chemischen Pflanzenschutzmitteln kann daher nie mehr sein als eine begleitende Maßnahme, um den Pflanzen bei ihrer Entwicklung zu helfen. Bei der Empfehlung der Pflanzenschutzmittel wurden folgende Kriterien berücksichtigt: Pflanzenschutzmittel müssen in Kleinpackungen im Handel sein. Sie sollten möglichst in keiner Gefahrenklasse und für Bienen ungiftig sein. Präparate in flüssiger Form sind leichter zu handhaben als Spritzpulver.

Alleine hätte ich das Buch niemals schreiben können. Da waren viele, die mir stets mit Rat und Tat zur Seite standen. Mein besonderer Dank gilt jedoch Inge Töllner, die dafür gesorgt hat, daß alles geordnet, schnell und richtig niedergeschrieben wurde. Ihnen allen sei an dieser Stelle gedankt.

Kurt Henseler

Aufgeschnittener »Rosenapfel« der Rosengallwespe mit Larven.

Vorbeugen ist besser als heilen

Pflanzen schützen ist Pflanzenschutz

Der Einsatz von chemischen Pflanzenschutzmitteln ist nur dort gerechtfertigt und auch sinnvoll, wo als Schadensursache eindeutig und zweifelsfrei eine pilzliche Erkrankung oder aber ein Schädling festgestellt worden ist.
Vielfach erkranken Pflanzen jedoch nur deshalb, weil ungünstige Standortbedingungen und auch Umwelteinflüsse sich negativ auf das Pflanzenwachstum auswirken.
Ein den jeweiligen Bedürfnissen der Pflanzen entsprechender Standort (Boden, Klima) und die richtige Pflege, sind die ersten und wichtigsten Maßnahmen, um Schädlinge und Krankheiten abzuwehren.
Vor den Tabellen wurden jeweils einige, kurze Anbauratschläge für die verschiedenen Kulturen gegeben und Besonderheiten erwähnt, die zur Vorbeugung gegen Krankheiten wichtig sind.
Damit soll auf die Bedingungen aufmerksam gemacht werden, die für Gesunderhaltung bzw. Gesundung der Pflanzen Voraussetzungen sind.
Nachfolgend einige Beispiele, wie Standort und Anbaumaßnahmen auf Krankheits- und Schädlingsbefall Einfluß nehmen können:
Möhrenfliegen-Befall: Die Möhrenfliege bevorzugt sonnige und windgeschützte Lagen. Werden die Möhren in windoffenen Parzellen angebaut, kommt es im allgemeinen nicht zu einem nennenswerten Befall.
Auflaufkrankheiten und Falscher Mehltau: Die Pflanzen nicht zu eng und nicht auf Böden kultivieren, die zur Vernässung neigen.
Kohlhernie: Auf Böden, die nicht genügend Kalk enthalten (unter pH 7) kann sich die Krankheit besonders gut entwickeln. Kohlgewächse auf möglichst kalkhaltigen Böden anbauen, kalkhaltige Dünger bevorzugen und eine weitgestellte Fruchtfolge einhalten.
Grauschimmelfäule: Salat, der zu eng und zu tief gepflanzt wurde, ist besonders anfällig. Bei Erdbeeren sind die Bestände besonders gefährdet, die zu stark mit Stickstoff gedüngt worden sind.
Schorf bei Birnen und Äpfeln: Gut ausgelichtete Baumkronen sind widerstandsfähiger. Der Erreger braucht für seine Entwicklung Wärme und hohe Luftfeuchte.
Rutenkrankheit der Himbeere: Himbeeren sollten nicht voll in der Sonne stehen. Sie lieben vielmehr den lichten Schatten des Waldes. Der Standort der Himbeeren sollte daher auch gemulcht werden.
Blattfleckenkrankheit und Vergilbungen bei Rhododendron: Diese Erscheinungsbilder, die bei großblumigen Rhododendren immer wieder beobachtet werden müssen, lassen sich weitgehend verhindern, wenn die Pflanzen auf kalkarme Böden gepflanzt werden.
Moos im Rasen: Rasenflächen, die unter Nährstoffarmut, Bodenverdichtung und -versauerungen sowie Staunässe leiden, werden genauso von Moos besiedelt, wie Rasenflächen, die in schattigen Lagen liegen. Durch geeignete Kulturmaßnahmen läßt sich die Moosbildung daher wirkungsvoll vermeiden.

Standortfaktoren

Klima

Das Klima (Temperatur, Lichtverhältnisse, Niederschläge, Wind usw.) ist neben dem Boden der wichtigste Standortfaktor. Wir können das Klima nur begrenzt beeinflussen, z. B. durch Bewässerung, Frostschutzmaßnahmen oder Windschutzpflanzungen. Temperaturerhöhungen lassen sich nur noch unter Folien und Glashäusern erreichen. Daher ist es sehr wichtig, von vornherein möglichst nur solche Pflanzen zu verwenden, die in ihren Ansprüchen an Wärme, Niederschlägen usw. zu unserem herrschenden Klima passen – in ungeeigneten Klimabedingungen steigt die Anfälligkeit der Pflanzen für jegliche Krankheiten und Schädlinge ganz enorm an.

Der Boden

Es wäre völlig falsch und unangebracht anzunehmen, daß der Boden lediglich den Pflanzenwurzeln Halt bieten würde. Die Pflanze erhält aus dem Boden auch Wasser und Nährstoffe – beides Grundelemente für ihr Gedeihen!

Daß Wasser und Nährstoffe für die Pflanzenwurzeln im Boden gut verfügbar sind – dafür ist das »Bodenleben« eine wichtige Voraussetzung. Man hat berechnet, daß sich gewichtsmäßig mehr als zweimal soviel Kleinlebewesen in einem Boden aufhalten wie Großtiere (z. B. Rinder) sich normalerweise auf ihm befinden.

Je »tätiger« ein Boden ist, um so besser können die Pflanzen sich entwickeln. Dieses Bodenleben (Bakterien, Pilze, Algen, Nematoden, Enchyträen, Regenwürmer, Milben, Springschwänze, Gliederfüßler usw.) gilt es also zu fördern und zu schützen.

Kompost heißt das Zauberwort zur Förderung des Bodenlebens. Es ist unmöglich, an dieser Stelle auf die Anlage und die Pflege eines Kompostes einzugehen. Soviel sei jedoch erwähnt: Durch das Aufbereiten und Verrotten organischer Stoffe, (wie z. B. Unkraut, Laub u. a. Pflanzenabfällen) erhält der Kompost seinen hohen Anteil an Kleinlebewesen und Humusstoffen.

Die Rotte, die in einem Komposthaufen vorherrscht, benötigt Wärme, Luft und Feuchtigkeit oder anders ausgedrückt: Energie, Sauerstoff und Wasser.

Die Wärme und die Energie wird von den Mikroorganismen selbst erzeugt. Luft und Feuchtigkeit muß von Menschenhand wohl dosiert hinzugefügt werden. Fehlt nämlich eine dieser Komponenten, läuft die Rotte entweder gar nicht oder falsch ab.

Die Temperaturen, die dabei erzeugt werden, betragen in der Anfangsphase 50–80 °C, später 40 °C. Sie reichen, besonders in der Anfangsphase, aus, um nahezu alle Krankheitserreger und Unkrautsamen abzutöten.

Gehören Unkräuter auf den Komposthaufen? Diese Frage wird immer wieder gestellt! Wie so oft, gibt es auch hier kein »Entweder-oder« sondern ein »Sowohl-als-auch«. Bei den Unkräutern unterscheiden wir Samenunkräuter und Wurzelunkräuter. Bei einem ordnungsgemäßen Rotteverlauf sterben die Unkrautsamen ab. Bei Wurzelunkräutern dagegen können sich die Wurzelstücke (z. B. Winden oder Quecken) im Kompost weiter ausbreiten. Es ist also darauf zu achten, daß Wurzelunkräuter nicht auf den Komposthaufen gelangen. Kranke Pflanzen, die von bodenbürtigen Pilzkrankheiten befallen sind, wie z. B. *Fusarium, Verticillium* oder *Sklerotinia,* gehören ebenso nicht auf den Komposthaufen. Ansonsten eignet sich eigentlich so ziemlich alles, was aus organischen Stoffen besteht.

Durch Humuszugabe wird der Boden physikalisch und chemisch verbessert und der Stoffwechsel der Pflanzen dadurch günstig beeinflußt, was ihre Abwehrkräfte gegen Krankheiten und Schädlinge erhöht. Zusammenfassend ist zu sagen, daß ein gut mit Kompost versorgter Boden die beste Garantie für ein gesundes Pflanzenwachstum bietet.

Auch Pflanzen müssen ernährt werden

Neben Temperatur, Licht, Kohlendioxyd und Wasser benötigen die Pflanzen für optimales Wachstum auch Nährstoffe. Pflanzen, die ein ausreichendes und ausgewogenes Nährstoffangebot erhalten, sind auch besonders widerstandsfähig gegen Krankheiten und Schädlinge. Zu den Hauptnährstoffen zählen: Stickstoff, Phosphor, Schwefel, Kalium, Kalzium, Magnesium. Als Spurenelemente werden benötigt: Kupfer, Zink, Bor, Molybdän, Mangan, Eisen.

Nicht immer muß Kümmerwuchs oder das veränderte Aussehen einer Pflanze durch Krankheiten oder Schädlinge bedingt sein. Diese Symptome können auch durch Ernährungsstörungen hervorgerufen werden.

Nachfolgend werden die Mangel- und Überschußsymptome für die einzelnen Nährstoffe beschrieben.

Stickstoff
Da Stickstoff ein wesentlicher Baustein für alle Eiweiße ist, bleiben die oberirdischen Pflanzenteile bei Stickstoffmangel klein und verzweigen sich kaum. Es entwickeln sich weniger Blätter, die dazu noch klein bleiben. Die Blattstiele bleiben kurz und sind starr nach oben gerichtet. Die ganze Pflanze bekommt eine hellgrüne Färbung (Chlorophyllmangel).
Stickstoffüberschuß ist daran zu erkennen, daß die Pflanzen weich, mastig und dunkelgrün werden.

Phosphor
Bei Phosphormangel verfärben sich die Blätter zunächst dunkelgrün und später rötlich oder auch bronze. Sie bleiben klein und zart. Blüten bleiben klein.
Phosphorüberschuß zeigt im allgemeinen keine Symptome.

Schwefel
Weder Schwefelmangel noch Schwefelüberschuß macht sich bei den Pflanzen deutlich bemerkbar. Die Mangelsymptome entsprechen in etwa denen, wie sie bei Stickstoffmangel beschrieben wurden.

Kalium
Bei Kaliummangel bleiben die Pflanzen klein, gedrungen, wobei sich die Blätter kräuseln und vom Blattrand her nach unten einrollen. Auch die Standfestigkeit der Pflanze leidet. Bei Kalimangel kommt es auch häufig zu einer schlechten Holzausreifung im Herbst, so daß die Pflanzen frostempfindlich werden.

Kalzium
Die Bedeutung von Kalk für Boden und Pflanze ist von außerordentlicher Wichtigkeit, so daß hier näher darauf einzugehen ist.
Kalk bindet Säuren im Boden, schließt Nährstoffe auf, verbessert die Krümelstruktur und regt so das Bodenleben an.
Ein Zuviel an Kalk im Boden bindet Spurenelemente und auch Phosphor, so daß die Stoffe für die Pflanze nicht mehr aufnehmbar sind. Gleichzeitig steigt dadurch auch die alkalische Bodenreaktion, die im sogenannten pH-Wert gemessen wird.
Kalk regt das Wachstum der Pflanzen und der Bodenorganismen an, was durch einen erhöhten Stoffwechsel zu einem höheren Humusverbrauch im Boden führt. Wird nicht auch gleichzeitig für erhöhten organischen Nachschub gesorgt, kommt es zu einer Verarmung der Böden an Humus. Eine alte Bauernregel sagt daher: »Kalk macht die Väter reich und die Söhne arm!« Auskunft über die Kalkversorgung des Bodens gibt der pH-Wert, der mit dem im Handel befindlichen Prüfgerät »Calcitest« leicht festgestellt werden kann. Die meisten Pflanzen lieben einen schwachsauren bis neutralen Boden (pH-Wert 5,7–7,4).
Muß dem Boden Kalk zugeführt werden, kann dies wie folgt geschehen: Kohlensaurer Kalk wird angewendet auf leichten oder mittelschweren Böden. Kohlensaurer Magnesiumkalk enthält neben Kalk auch das Spurenelement Magnesium. Er wird auch auf leichten oder mittelschweren Böden angewendet.
Kalkmergel (Mischung: Sand, Ton und 50–75 % kohlensaurer Kalk) eignet sich für leichte Böden. Er wird im Frühjahr ausgebracht und zwar möglichst 14 Tage vor der Aussaat bzw. vor dem Pflanzen.
Branntkalk wirkt sehr schnell, weil er sich sofort mit dem Wasser in der Erde verbindet. Er ist nicht für leichte Böden geeignet.
Löschkalk ist in seiner Wirkung ähnlich wie Branntkalk. Kalken ist am besten im Herbst, wobei der Kalk leicht eingearbeitet wird.

Magnesium
Magnesiummangel zeigt sich durch eine gelblichweiße Marmorierung des Laubes, wobei die Blätter später verbräunen. Die Aufnahme von Magnesium über die Wurzel ist stark vom pH-Wert des Bodens abhängig. Bei Werten unter pH 4,5 ist die Aufnahme stark gehemmt. Magnesium kann aber auch dann schlecht aufgenommen werden, wenn im Boden zuviel Kalium und Ammonium vorhanden ist.
Im Gegensatz zu den Hauptnährstoffen werden die Spurenelemente in ganz geringer Konzentration von den Pflanzen benötigt. Fehlen sie ganz, kümmern die Pflanzen.

Kupfer Mangelerscheinungen können verstärkt bei Pflanzen beobachtet werden, die auf Moorböden kultiviert werden. Da im Haus- und Kleingartenbereich häufiger Kupfer-Spritzmittel eingesetzt werden, ist mit Mangelsymptomen nicht zu rechnen.
Zink Die Pflanzen reagieren weder deutlich auf Mangel noch auf Überschuß.
Bor Bormangel kann bei Sellerie zu einer Herz- oder Knollenbräune führen.
Molybdän Bei Molybdänmangel reagiert der Blumenkohl mit einer typischen Verschmälerung der Blattspreiten.
Mangan Bei Manganmangel werden die jüngeren Blättchen zunächst fleckig, wobei die Adern grün bleiben.
Eisen Obwohl Eisen selbst im Blattgrün nicht enthalten ist, ist es jedoch zum Aufbau unbedingt erforderlich. Eisenmangel zeigt sich daher immer in einer Vergilbung (Chlorose). Die Blattadern bleiben dabei grün.
Gelbsucht oder Chlorose kann aber auch andere Ursachen haben, so kann z.B. Staunässe im Boden dazu führen, daß der Luftaustausch im Wurzelbereich vermindert wird. Eine Gelbsucht und verringertes Wachstum sind die Folge.
Aber auch andere Faktoren können eine Gelbsucht bei den Pflanzen auslösen. Herrschen niedere Temperaturen bei gleichzeitig unzureichenden Lichtverhältnissen vor, spricht man von einer »Schlechtwettergelbsucht«.

Bodenprobe

Wichtig bei der Pflanzenernährung ist, daß ein ausreichendes und ausgewogenes Angebot von Nährstoffen im Boden vorhanden ist. Entsprechende Untersuchungen des Bodens werden von verschiedenen Instituten durchgeführt.
Besonders interessierte Gartenfreunde können jedoch auch selbst ihren Boden testen. Der günstigste Zeitpunkt für eine Bodenuntersuchung ist jeweils nach der Ernte, aber auch in jedem Falle, bevor der Boden mit Dünger wieder versorgt werden soll.
Bodenproben werden an verschiedenen Stellen im Garten entnommen. Als Faustzahl gilt: alle 3 m sticht man ein spatenstichtiefes Loch, so daß man mit dem Spaten oder einem Löffel an den Wänden den Erdboden abstreichen kann. Von der obersten Bodenschicht (3–5 cm) sollte keine Erde entnommen werden.
Bei Dauerkulturen ist es empfehlenswert, nicht nur die obere, ca. 25 cm tiefe Bodenschicht, sondern getrennt auch den Untergrund (30–50 cm) untersuchen zu lassen.
Die Bodenproben im Rasen werden nur aus der oberen 10 cm-Schicht gezogen.
Am Komposthaufen werden die Teilproben an mehreren Stellen aus dem Inneren des fertigen Komposthaufens gezogen.

Mischkulturen

Allelopathie nennt man die Lehre von der gegenseitigen Beeinflussung verschiedener

Beispiel einer erfolgreichen Mischkultur

Vorbeugen ist besser als heilen

Pflanzenarten über Wuchs- oder Hemmstoffe, die von den Pflanzen ausgeschieden werden. Diese Erkenntnisse liegen der sogenannten Mischkultur zugrunde. Bei der Mischkultur werden Gemüse-, Kräuter- und Gründüngungspflanzen reihenweise so angebaut, daß der Boden möglichst das ganze Jahr über bedeckt ist.
Die Wintermonate sind besonders gut dafür geeignet, um durch Studium entsprechender Fachliteratur bzw. beim gemeinsamen Gedankenaustausch, Anbaupläne für das kommende Jahr aufzustellen.

Gute Nachbarn:
Frühmöhren – Zwiebeln
Späte Möhren – Lauch
Bohnen – Möhren – Blumenkohl
Sellerie – Lauch
Möhren – Salat – Schnittlauch
Tomaten – Petersilie
Tomaten – Sellerie
Salat – Radieschen – Kohlrabi
Kohl – Buschbohnen

Schlechte Nachbarn:
Fenchel – Tomaten
Buschbohnen – Zwiebeln
Kohl – Zwiebeln
Tomaten – Erbsen
Erbsen – Bohnen
Kartoffeln – Sonnenblumen
Kohl – Senfsaat

Fruchtfolgen

Das Ziel von Fruchtfolgen sollte sein, die Gesundheit von Boden und Pflanzen zu sichern und dafür zu sorgen, daß vor jeder Frucht eine mindestens unschädliche, wenn möglich aber ertragssteigernde Vorfrucht angebaut wird. Auf kleinen Parzellen im Hausgarten ist dies – zugegebener Maßen – nur schwer möglich.
Werden entsprechende Fruchtfolgen nicht eingehalten, kann es im Boden sehr schnell zu einer Übervermehrung von Krankheiten wie z. B. der Kohlhernie kommen. Aber auch pflanzenschädliche Nematoden können sich im Boden besonders gut bei einer einseitigen Fruchtfolge entwickeln.
Als Faustzahl sei hier genannt, daß Hauptkulturen (z. B. Kohl, Möhren, Sellerie usw.) frühestens alle 3 Jahre wieder auf derselben Fläche angebaut werden sollten.
Beschäftigt man sich mit Plänen für die Fruchtfolge, wird man auch sehr schnell dabei in Erfahrung bringen, daß es nicht nur gute Nachbarn, sondern auch schlechte Nachbarn unter den Pflanzen gibt.

Saat- und Pflanzgut

Von ganz besonderer Bedeutung für die Gesundheit der Pflanzen ist es, darauf zu achten, daß nur gesundes Saatgut bzw. gesunde Jungpflanzen verwendet werden.
Es gibt einige Krankheiten bzw. Schädlinge, die samenübertragbar sind. Die Verwendung von Qualitätssaatgut ist eine Garantie, für gesunde Sämereien.
In zunehmendem Maße werden Sorten gezüchtet, die resistent (widerstandsfähig) oder tolerant (werden nicht so stark geschädigt) gegenüber einem oder mehreren Schaderregern sind. Die Verwendung solcher Sorten kann die Probleme mit Krankheiten und Schädlingen und somit auch den Aufwand für Pflanzenschutzmaßnahmen erheblich reduzieren.

Rechtzeitig das Richtige tun!

Durch gezielte Kulturmaßnahmen und auch durch die wohlüberlegte Terminierung der einzelnen Anbauschritte wie Saat, Pflanzung usw. kann man dem Krankheits- oder Schädlingsbefall vorbeugen. Man achte dabei darauf, daß die empfindlichsten Stadien der Pflanzen möglichst nicht in die Zeit fallen, in der die Erreger am häufigsten vorkommen.
So keimen z. B. Bohnen und auch Gurken viel besser, wenn man die Aussaat erst Mitte Mai oder gar Ende Mai vornimmt. Bei früherer Aussaat sind die Temperaturen im Boden noch zu niedrig und die Sämlinge werden anfällig gegen Auflaufkrankheiten.

Vorbeugen ist besser als heilen

Dies trifft auch zu für die Pflanzzeit des Kohls. Man kann hier der Kohlfliege ein Schnippchen schlagen. Zum Zeitpunkt der Roßkastanienblüte beginnt die Kohlfliege mit ihrer Eiablage. Um der Gefahr eines Befalls zu entgehen, sollten die Kohlpflanzen daher erst später ausgepflanzt werden, nämlich dann, wenn die Kastanienblüte beendet ist. Dort, wo jedoch schon zu diesem Termin der Kohl ausgepflanzt ist, kann man die Pflanzen mit einem Kohlkragen, den man selber herstellen kann, schützen. Runde, wetterfeste Pappscheiben, die an einer Stelle aufgeschnitten werden und als Kragen eng um den Stengel der Kohlpflanzen gelegt werden, hindern die Kohlfliege an der Eiablage am unteren Stengelteil. Werden doch Eier abgelegt, kann man diese zusammen mit dem Kohlkragen entfernen. Man bestreicht auch die Stiele des Kohls mit einem Lehmbrei. Der gehärtete Überzug hält die Kohlfliegen fern. In diesem Zusammenhang sei auch erwähnt, daß es günstiger ist, die Kohlsetzlinge tief zu pflanzen, so daß es der Kohlfliege nicht möglich ist, am Wurzelhals bzw. am Stengel der kleinen Pflänzchen ihre Eier abzulegen.

Ein weiteres Beispiel dafür, wie wichtig es ist, das Richtige zur rechten Zeit zu tun, ist die Gladiolenernte. Der Gladiolenblasenfuß verläßt nach dem Ausmachen der Pflanzen im Herbst die Blätter und wandert auf die Gladiolenknollen über, wo er dann überwintert. Dies kann man sehr leicht verhindern, wenn man sofort bei der Ernte das Laub der Gladiolen von den Knollen entfernt und vernichtet.

Hier können nur einige Beispiele genannt werden. Bei den einzelnen Kulturen wird auf solche Vorbeugemaßnahmen näher eingegangen.

Die Bekämpfungsmethoden

Vorüberlegungen

Bevor Pflanzenschutzmaßnahmen eingeleitet werden, muß zweifelsfrei feststehen, welche Krankheit bzw. welcher Schädling bekämpft werden soll.
Richtige Diagnosen sind dafür notwendig. Im Zweifelsfalle kann man sich an die nächstliegende Pflanzenschutz-Dienststelle wenden (s. Anschriften S. 182).
Des weiteren müssen selbstverständlich vor der Anwendung von Pflanzenschutzmaßnahmen folgende Punkte geklärt werden:

- Lohnt sich die Bekämpfung überhaupt?
- Welche wirksamen Bekämpfungsmethoden gibt es?
- Wann ist der richtige Bekämpfungszeitpunkt? Oft ist der Übeltäter gar nicht mehr da oder aber in einem Entwicklungsstadium, wo eine sichere Bekämpfung nicht mehr möglich ist.

Biologische Abwehrmaßnahmen

Bei der Bekämpfung von Krankheiten und Schädlingen wird vielfach der Wunsch laut, anstelle von chemischen Pflanzenschutzmaßnahmen biologische Maßnahmen anzuwenden.

Vor- und Nachteile biologischer Bekämpfungsmaßnahmen

Vorteile

1. Verzicht auf die üblichen (chemischen) Bekämpfungsmaßnahmen, wenn es gelingt, Nützlinge dauernd anzusiedeln.
2. Weitgehende Schonung der Biozönose (Lebensgemeinschaft von Pflanzen und Tieren).
3. Wegfall von Rückstandsproblemen.
4. Wegfall von Resistenzerscheinungen.

Nachteile

1. Abtötung der Schädlinge erfolgt nicht schlagartig. Kulturpflanzen werden mehr oder weniger auch noch nach der Behandlung geschädigt.
2. Entwicklung des eingesetzten Nützlings ist von zahlreichen, nicht beeinflußbaren Faktoren abhängig (Klima).
3. Beträchtliche Kosten für künstliche Massenzucht und Aussetzung der Nützlinge.

Vor- und Nachteile chemischer Bekämpfungsmaßnahmen

Vorteile

1. Weitgehende Sicherung von gleichmäßigen Ernten.
2. Hohe Ausnutzung aller pflanzenbaulichen Intensivierungsmaßnahmen.
3. Qualitätsverbesserung des Ernteguts.

Nachteile

1. Übervermehrung von Arten, die gegen bestimmte Wirkstoffe resistent sind und deren empfindlichere Nahrungskonkurrenz ausgeschaltet wurde = Zerstörung des biologischen Gleichgewichts.
2. Auslese von resistenten Formen nach mehrmaliger Anwendung des gleichen Wirkstoffes.
3. Möglichkeit einer Gesundheitsgefährdung durch Pflanzenschutzmittel.

Oben links: Florfliegenlarve frißt eine Blattlaus.

Oben rechts: Florfliege

Mitte links: Schwebfliege, deren Larven von Blattläusen leben.

Mitte rechts: Blattläuse in Kugelgestalt sind parasitiert.

Unten: Raupe und Puppen vom Kohlweißling, parasiert vom Kohlweißlingstöter

Die Bekämpfungsmethoden

Integrierter Pflanzenschutz

Oft wird davon ausgegangen, daß alles, was nichts mit chemischem Pflanzenschutz zu tun hat, bereits biologischer Pflanzenschutz wäre. Diese Begriffsverwirrungen lassen sich beseitigen, wenn man sich mit dem »Integrierten Pflanzenschutz« etwas näher beschäftigt.

Bestimmend für den Integrierten Pflanzenschutz ist die Verknüpfung folgender Maßnahmen:

- Auswahl geeigneter Kulturpflanzenarten für den jeweiligen Standort,
- überlegte Gestaltung der Fruchtfolge,
- Auswahl möglichst widerstandsfähiger für den Standort geeigneter Sorten,
- angemessene Bodenvorbereitung,
- gesundes Saatgut,
- gesunde Pflanzenzucht,
- günstige Saat- und Pflanztermine nicht nur im Hinblick auf den Zustand des Bodens und die Ansprüche der Pflanzen an Temperatur und Vegetationsdauer, sondern auch hinsichtlich des Ausmaßes der Schadenswahrscheinlichkeit durch parasitäre und nichtparasitäre Einwirkungen (z. B. Frostschäden, Wintertrockenschäden),
- auf den Bedarf der Pflanzen abgestimmtes Nährstoffangebot,
- zeit- und fachgerechte Kulturpflegemaßnahmen.

Der Einsatz von Nützlingen

Betrachten wir zunächst die biologischen Maßnahmen, die im Haus- und Kleingartenbereich erfolgversprechend angewendet werden können.

Ganz allgemein bedeutet biologischer Pflanzenschutz den Einsatz von Lebewesen zur Vernichtung von Schädlingen. Dies kann durch gezielte Verfahren, wie z. B. Züchtung von Krankheitserregern oder von Nützlingen zur Schädlingsbekämpfung, erfolgen. Für diesen gezielten Einsatz im Garten ist bis jetzt lediglich die Anwendung von Produkten auf der Basis von *Bacillus thuringiensis*, ein Raupenbekämpfungsmittel, möglich. Es handelt sich hier um Bakterien, die in ihren Wirten (den Schädlingen) tödliche Infektionskrankheiten hervorrufen. Die Bakterien zerstören die Darmzellen der Raupen. Je nach Empfindlichkeit stellen diese ihre Fraßtätigkeit meist schon innerhalb von 24 Stunden nach der Behandlung ein und sterben nach wenigen Tagen ab.

Wie bereits erwähnt, ist dies für die Anwendung im Kleingarten die einzige gezielt durchführbare Maßnahme zur Bekämpfung von Schädlingen.

Natürlich gibt es auch eine ganze Reihe von allgemeinen Maßnahmen des Schutzes und der Förderung von schädlingsvertilgenden Tieren (z. B. Vogelschutz, Schutz der Fledermäuse, Kröten, Igel, Marienkäfer, Florfliegen, Schwebfliegen usw.). Einige dieser Nützlinge im Kleingarten werden nachfolgend beschrieben.

Marienkäfer

Die Larven des Marienkäfers bewähren sich als eifrige Blattlausvertilger. Mit einem Löwenhunger stellen sie ihrer Beute nach. Ist das Larvenstadium beendet, hängen sich die Raupen zur Verpuppung an einem Blatt auf und verwandeln sich so zum Marienkäfer. Kaum ist dieser Käfer aus seiner Puppenhülle geschlüpft, hat sich auch schon sein Chitinpanzer erhärtet. Mit seinem rotstrahlenden Flügeldeckchen, versehen mit schwarzen Punkten, geht auch er sofort auf Blattlausjagd.

In der warmen Jahreszeit feiern Männchen und Weibchen mehrmals Hochzeit. Und weil die Weibchen wissen, was dem Nachwuchs besonders gut schmeckt, nämlich Blattläuse, werden die Eigelege gleich in die Nähe von Blattlauskolonien abgelegt. Wenn dann aus den Eiern die jungen Larven schlüpfen, gibt es für die Blattläuse so gut wie kein Entrinnen mehr.

Oben links: Ohrenkneifer frißt eine Blattlaus.

Oben rechts: Larven der Räuberischen Gallmücke ernähren sich von Blattläusen.

Unten links: Raubmilben werden zur Spinnmilbenbekämpfung eingesetzt.

Unten rechts: Die von Schlupfwespen parasitierten Larven der Weißen Fliege sind schwarz verfärbt.

Die Bekämpfungsmethoden

Florfliegen
Typisch für die Florfliege sind die lang-ovalen netzartigen Flügel, die viel länger sind als der Körper.
Die Gemeine Florfliege ist auch bekannt unter den Namen »Goldauge« oder »Blattlauslöwe«. Letztere Bezeichnung bezieht sich auf die Larven, denn diese leben »räuberisch«, d.h., sie verzehren kleine Insekten und deren Eier, vor allem aber auch Blattläuse. Bei der Suche nach Beute laufen die Larven recht lebhaft umher. Mit ihren beiden Zangen am Kopfende scheiden sie zunächst einen Stoff aus, der die Blättläuse lähmt. Die ruhig gewordenen Läuse werden nun ausgesaugt. Typisch für das Vorhandensein von Florfliegen im Garten sind die gestielten Eier an den Blättern. Diese »Stiele« entstehen dadurch, daß das Weibchen vor der Eiablage mit einer Drüse an der Hinterleibspitze eine klebrige Ausscheidung abgibt, die als elastischer Faden auf dem Blatt stehenbleibt. Am Ende dieses Fadens wird dann das Ei angeklebt.

Schwebfliegen
Den Wespen zum Verwechseln ähnlich sind die Schwebfliegen. Im Gegensatz zu den Wespen besitzen sie nicht die typische Wespentaille. Sie können aber beim Fliegen in der Luft stehenbleiben und sogar rückwärts und seitwärts fliegen. Die Schwebfliegen halten sich besonders gerne auf Pflanzen aus der Familie der Doldenblütler auf. Während die Fliege sich mit der Blütenbestäubung beschäftigt, zählen ihre Larven zu den Nützlingen, da sie sich von Blattläusen ernähren. Tagsüber sitzen die Larven plattgedrückt und versteckt auf den Blattunterseiten. In der Nacht gehen sie auf Jagd. Wegen ihres wespenähnlichen Aussehens werden die Schwebfliegen aus Unkenntnis von vielen Gartenfreunden getötet.

Schlupfwespen
Bei den bis jetzt besprochenen Nützlingen handelt es sich um sogenannte Räuber. Die Blattlausschlupfwespen zählen zu den Parasiten. Die Weibchen, die ziemlich klein sind, legen je 1 Ei in eine Blattlaus. Aus diesem Ei schlüpft nun die Larve der Blattlausschlupfwespe und lebt bis zu ihrer vollen Entwicklung in der Blattlaus. Die so befallene Blattlaus vergrößert sich relativ stark und entwickelt sich zu einer sogenannten Mumie. Aus dieser Blattlausmumie beißt sich nun die frisch geschlüpfte Blattlausschlupfwespe ein kreisrundes Loch, dessen Deckel meist noch hängenbleibt.

Brackwespen
Auch der Kohlweißlingstöter lebt parasitisch in den Raupen des Kohlweißlings. Es handelt sich hierbei um die Larven von Brackwespen. Diese Larven ernähren sich vom Körper der Kohlweißlingsraupen. Sind sie etwas größer geworden, treten sie aus der Schädlingslarve aus und verpuppen sich in einem gelben Kokon, der an der toten Raupe anhaftet.
Die abgestorbenen Raupen mit den gelben Kokons werden bedauerlicher Weise aus Unkenntnis als sogenannte »Raupeneier« abgesammelt und vernichtet. Das Vorkommen des Kohlweißlingstöters wird auf diese Weise natürlich stark reduziert.

Ohrwürmer
Etwas umstritten ist der Ohrenkneifer. Ohrenkneifer leben sowohl vegetarisch (Blütenblätter, süße Früchte) als auch »fleischfressend« (Blattläuse).
Die harmlosen Tiere verstecken sich tagsüber in Ritzen, unter Steinen und Brettern und in Baumstümpfen. Erst im Schutze der Dunkelheit verlassen sie ihre Verstecke und gehen auf Nahrungssuche.
Man sollte sich überlegen, ob man die Tiere nicht dort, wo sie schädlich werden, wegfängt. Es ist ja sicherlich nicht gerade erfreulich zuzusehen, wie die Ohrenkneifer an den Früchten der Erdbeeren »knabbern« oder aber die Blütenblätter von Dahlien oder Chrysanthemen zerfressen. Durch ihren Kot verunzieren sie die Blüten noch zusätzlich.
Man kann die Tiere durch Aufstellen von künstlichen Schlupfwinkeln ködern: kleine Töpfe, gefüllt mit feuchtem Moos, Laub oder Holzwolle, an Stäben aufhängen. Die so gefangenen Tiere können dann dort ausgesetzt werden, wo sie keinen Schaden mehr anrichten können, z.B. in Obstbäumen, wo sie dann Blattläuse vernichten. Im Handel befinden sich auch solche künstlichen Ohrwürmerfallen, die zum Teil unter der Bezeichnung »Schlafsack für Ohrwürmer« angeboten werden.

Gezielter Nützlingseinsatz

Für den gezielten Einsatz zur Bekämpfung diverser Schädlinge werden heute bereits folgende Nützlinge gezüchtet und sind im Handel erhältlich:

Räuberische Gallmücken *(Aphidoletes aphidimyza)* gegen Blattläuse im Gewächshaus und Wintergarten.
Bei dieser Art handelt es sich um unscheinbare, zierliche Insekten, die ihre Eier gezielt in Blattlausnähe ablegen. Aus den Eiern schlüpfen kleine Larven, die sich ausschließlich von Blattläusen ernähren. Da jedes erwachsene Gallmückenweibchen etwa 100 Eier abzulegen und jede Larve bis zu 50 Blattläuse abzutöten vermag, ist schon mit der Freilassung weniger Tiere eine effektive Bekämpfung möglich.
Versandeinheit: 80 Gallmücken, ausreichend für 10 m^2.

Schlupfwespen *(Encarsia formosa)* gegen Weiße Fliegen im Gewächshaus und Wintergarten.
Diese Schlupfwespen-Art parasitiert die Larven der Weißen Fliege, d. h. aus den direkt in die Larven abgelegten Eiern schlüpfen Wespenlarven, die im Innern ihrer Wirte alle Organe aufzehren und die Schädlinge dadurch zum Absterben bringen. Aus der parasitierten Larve schlüpft dann keine Weiße Fliege, sondern eine Schlupfwespe. Die erwachsenen, ohne Lupe kaum auszumachenden Wespen leben ungefähr 2 Wochen. In dieser Zeit kann ein Weibchen bis zu 50 Larven der Weißen Fliege parasitieren.
Versandeinheit: 100 Schlupfwespen, ausreichend für 10 m^2.

Florfliegen *(Chrysopa carnea)* Ein Einsatz von Florfliegen ist in geschlossenen Räumen und bedingt auch im Garten möglich.
Versandeinheit: 100 Florfliegen sind ausreichend für 10 m^2.
Am besten ist der Einsatz dieser Nützlinge jedoch wirksam bei Pflanzen, die auf der Fensterbank oder in einem Kleingewächshaus stehen. Werden sie im Freiland ausgesetzt, fallen sie zumeist den ungünstigen Witterungsbedingungen zum Opfer und gehen entweder ein oder entwickeln sich nicht optimal.

Raubmilben *(Phytoseiulus persimilis)* gegen Spinnmilben im Gewächshaus, Wintergarten und Blumenfenster.
Raubmilben sind die natürlichen Feinde der Spinnmilben. Diese kleinen, rötlich gefärbten Räuber sind bei ihrer Beutesuche sehr beweglich und finden deshalb auch versteckt sitzende Schädlinge sowie deren Eier. Etwa 5 ausgewachsene Spinnmilben oder 20 Eier bzw. Jungtiere werden von einer einzigen Raubmilbe täglich ausgesaugt und abgetötet. Das Aussetzen der Raubmilben sollte bereits dann erfolgen, wenn die ersten Spinnmilben an den Pflanzen sichtbar werden.
Versandeinheit: 100 Raubmilben, ausreichend für 10 m^2.

Tees, Extrakte, Jauchen

Die Anwendung von Brennessel- oder Schmierseifenbrühe zur Blattlausbekämpfung können im eigentlichen Sinne nicht zu den biologischen Maßnahmen gezählt werden. Sie stellen vielmehr eine Alternative zu den hier besprochenen Maßnahmen dar.

X **Brennessel-Brühe:** 1 kg frische Brennessel/10 l Wasser, 12–24 Std. ziehen lassen, unverdünnt spritzen.
X **Schmierseifen-Brühe:** Mischung aus 300 g Schmierseife (aufgelöst in warmen Wasser) 500 ml Spiritus, 1 Eßlöffel Kalk, 1 Eßlöffel Salz in 10 l Wasser.

Andere Alternativen sind der Einsatz von Kräuterjauchen, Kräutertees, Kräuterbrühen, Kräuterauszüge und Kräuterextrakte. Diese Stoffe werden in erster Linie zur Stärkung der Pflanzen eingesetzt. Sie sind wesentliche Bestandteile der Erfolge, wie sie beim biologisch-dynamischen Anbau oder beim organischen Anbau von Pflanzen erzielt werden. Interessierte Gärtner können sich mit ihren Fragen an folgende Adressen wenden:
Forschungsring für biologisch-dynamische Wirtschaftsweise e. V. Baumschulenweg 19, 6100 Darmstadt.
Biologisch-organischer Landbau Dr. H. Müller, CH-3506 Großhöchstetten/BE.

Die Bekämpfungsmethoden

Biotechnische, kulturtechnische und physikalische Maßnahmen

Biotechnische Maßnahmen
Abwehrstoffe, wie sie in den sogenannten Wildverbißmitteln vorhanden sind. Aber auch das Aufstellen von Vogelscheuchen und das Verscheuchen der Vögel durch Knallapparate sowie das Anpflanzen von Knoblauch zum Schutz wertvoller Pflanzen vor Wühlmausfraß (der Geruch schreckt die Tiere ab) zählt zu den Biotechnischen Methoden.
Lockstoffe, hier unterscheidet man in Nahrungs- und Sexuallockstoffe. Während die Sexuallockstoffe im Haus- und Kleingartenbereich zur Zeit noch nicht wirkungsvoll eingesetzt werden können, lassen sich die Nahrungslockstoffe sehr wohl erfolgreich anwenden. Man denke nur an das Eingraben von biergefüllten Joghurtbechern zur Schneckenbekämpfung oder das Aufstellen von mit Speck geköderten Mausefallen.
Hormone, deren Anwendung zählt ebenfalls zu den biotechnischen Maßnahmen. Von der Biologischen Bundesanstalt für Land- und Forstwirtschaft ist das Präparat Dimilin 25 WP zugelassen. Die Raupen, die bei der Spritzung behandelt worden sind, werden an der Häutung von einem Larvenstadium zum anderen gehindert, was zum Absterben dieser Schädlinge führt. Leider ist Dimilin 25 WP nur in Großgebinden im Handel.

Kulturtechnische Maßnahmen
Auf die kulturtechnischen Maßnahmen, die das ganze Können eines Gärtners ausmachen, kann an dieser Stelle nicht näher eingegangen werden. Kurz umrissen wurde dieses große Kapitel am Anfang des Buches, und so weit es erforderlich erscheint, werden Hinweise bei den einzelnen Kulturen gegeben.

Physikalische Maßnahmen
Zu den physikalischen Maßnahmen zählen u. a.:
- das Anlegen von Leimringen
- das Abschneiden befallener Triebe
- das Aufhängen von Gelbtafeln, die mit Leim bestrichen worden sind (z. B. Kirschfruchtfliegenbekämpfung).
- das Aufstellen von Fallen (z. B. zur Wühlmausbekämpfung).

(Genaue Angaben bei den jeweiligen Kulturen)

Chemische Maßnahmen

Nur, wenn alle Wachstumsbedingungen für die Pflanzen in ausreichendem Maße berücksichtigt worden sind, kann der Einsatz von chemischen Pflanzenschutzmitteln auch den gewünschten Erfolg bringen.
Bei der Anwendung von Pflanzenschutzmitteln sind einige sehr wichtige Punkte zu beachten.

Richtige Diagnose
Erst dann, wenn zweifelsfrei feststeht, welcher Schaderreger zu bekämpfen ist, kann eine richtige Auswahl der Präparate getroffen werden. Virus- und Bakterienkrankheiten sind mit chemischen Pflanzenschutzmitteln überhaupt nicht zu bekämpfen. Pilzkrankheiten werden mit sogenannten Fungiziden bekämpft. Zur Bekämpfung der tierischen Schädlinge stehen eine Reihe von Produkten zur Verfügung, die zum Teil ganz spezifisch wirken. Zur Schneckenbekämpfung werden z. B. andere Präparate eingesetzt als zur Blattlaus- oder Raupenbekämpfung.

Richtiger Anwendungszeitpunkt
Entscheidend für den Erfolg einer Bekämpfungsmaßnahme ist, daß die Bekämpfung zum richtigen Zeitpunkt durchgeführt wird. Will man beispielsweise verhindern, daß die Himbeeren zum Zeitpunkt der Ernte madig sind, muß die

entsprechende Bekämpfung bereits in den Monaten April bzw. Mai durchgeführt werden. Oftmals führt eine einzige Anwendung nicht zum erwünschten Erfolg. Es müssen dann wiederholte Spritzungen durchgeführt werden.

Auswahl der Präparate

Die Präparate sollten nach folgenden Gesichtspunkten ausgewählt werden:

- Geringe akute Giftigkeit für den Anwender!
- Bienenungefährliche Pflanzenschutzmittel sind vorzuziehen. Ob ein Pflanzenschutzmittel bienenungefährlich ist oder nicht, kann der jeweiligen Gebrauchsanweisung entnommen werden.
- Präparate mit kurzer Wirkungsdauer gewährleisten, daß die Wartezeiten leicht eingehalten werden können.
- Ein Wechsel der Wirkstoffe verhindert einigermaßen Resistenzbildungen bei den tierischen Schädlingen und bei den pilzlichen Schaderregern.
- Nützlingsschonende Präparate sind vorzuziehen.

T

Giftig

C

Ätzend

Xn

Gesundheits-
schädlich

Xi

Reizend

Das jeweilige Gefahrensymbol muß auf der Packung stehen, wenn das Pflanzenschutzmittel in eine der 4 Gefahrenklassen eingeteilt wurde.

Anwendung von Pflanzenschutzmitteln

Hier müssen folgende Punkte beachtet werden:

- Nur Packungen mit dem untenstehenden Zulassungszeichen beinhalten von der Biologischen Bundesanstalt zugelassene Pflanzenbehandlungsmittel. Nur zugelassene Pflanzenbehandlungsmittel dürfen vertrieben werden.

- Die Gebrauchsanweisungen der Herstellerfirmen sind unbedingt einzuhalten.

Die Ausbringung der Pflanzenschutzmittel kann auf die unterschiedlichste Art und Weise erfolgen. Es sind Präparate im Handel, die gestreut, gegossen, gespritzt, gestäubt oder verstrichen werden können. Von der Anwendung her sind Präparate zum Streuen, Gießen, Verstreichen oder Stäuben in ihrer Handhabung sehr einfach. Streupräparate werden angeboten in einer sogenannten Streudose, sie können jedoch auch mit einer Streuschaufel leicht ausgebracht werden. Sogenannte Gießmittel werden mit der bereits vorhandenen Gießkanne ausgebracht. Wichtig dabei ist, daß die Gießkanne nach der Anwendung gründlich gereinigt wird. Stäubepräparate werden im Handel bereits in sogenannten Stäubedosen angeboten. Die Handhabung ist hier sehr einfach. Präparate, die verstrichen werden müssen, werden mit einem entsprechenden Pinsel aufgetragen.

Etwas komplizierter wird es, wenn Präparate gespritzt werden müssen. Im Handel befinden sich eine große Anzahl von Geräten, die von der einfachen Handspritze bis zur umfunktionierten Farbspritzpistole reichen.

Besonders erfreulich ist es, daß die Pflanzenschutzmittelindustrie die Nöte der Klein- und Hobbygärtner erkannt hat, die bei der genauen

Dosierung von Spritzbrühen entstehen. Es gibt jetzt Dosier-Sprühsysteme, die aus einer Spezialflasche und Dosierkapseln bestehen. Somit ist gewährleistet, daß der Anwender immer die richtige, von der Biologischen Bundesanstalt für Land- und Forstwirtschaft festgelegten Aufwandmenge ausbringt. An Dosierkapseln zu diesem System werden zur Zeit Schädlingsfrei Parexan gegen Schädlinge und Pilzfrei Saprol gegen Pilzkrankheiten angeboten.
Eine andere Dosierhilfe mit Tropf-Dosierfläschchen ist auch auf dem Markt. Die Präparate befinden sich in einer Dosierflasche und werden tropfenweise mit Wasser verdünnt.
Für die Ausbringung von Pflanzenschutzmitteln gibt es sehr handliche Kleingeräte, sogenannte Druckpumpsprüher, die ein Mittelding darstellen zwischen Spray und Spritze. Diese Geräte sind ideal für die »kleine Anwendung« im Hausgarten.
Bestimmte Präparate gibt es auch in verschiedenen Spezialbehältern, die es dem Anwender erlauben, ml-genau zu dosieren, ohne mit dem Flascheninhalt in Berührung zu kommen.
Flüssig-Präparate können aber auch relativ einfach genau dosiert werden, wenn man sich in der Apotheke oder beim Arzt sogenannte Einwegspritzen besorgt.
Das genaue Abwiegen von Spritzpulvern ist äußerst kompliziert und schwierig. Am genauesten arbeiten die sogenannten Balkenwaagen, wie sie früher der Apotheker benutzte.

Vorsichtsmaßregeln für den Umgang mit chemischen Pflanzenschutzmitteln

Bei der Anwendung von Pflanzenschutzmitteln sind eine Reihe von Vorsichtsmaßnahmen zu beachten:

- Pflanzenbehandlungsmittel nie in andere Behälter umfüllen, nie mit Lebens- und Futtermitteln zusammen aufbewahren, nie in die Hände von Kindern geben!
- Nie Eß-, Futter- oder Küchengeräte zum Ansetzen der Spritzflüssigkeit benutzen!
- Pflanzenbehandlungsmittel nicht auf die bloße Haut gelangen lassen: Unverdünnte Präparate sind besonders gefährlich!
- Beim Umgang mit Pflanzenbehandlungsmitteln nicht rauchen, essen oder trinken!
- Pflanzenbehandlungsmittel nur miteinander mischen, wenn der Hersteller es empfiehlt!
- Beim Einfüllen der Spritzflüssigkeit ein Sieb verwenden, damit keine groben Verunreinigungen in den Behälter gelangen können!
- Spritzflüssigkeit nicht über längere Zeit, z. B. über Nacht im Gerät stehen lassen, erst ansetzen, wenn sie ausgebracht werden kann!
- Pflanzenbehandlungsmittel nie bei ungeeigneten Witterungsverhältnissen ausbringen, z. B. Mittagshitze (über 25 °C), sehr niedrigen Temperaturen (insbesondere bei Frost), Niederschlägen oder starkem Wind. Nicht gegen den Wind spritzen!
- Bereits bei leichtem Unwohlsein sofort mit der Arbeit aufhören und einen Arzt hinzuziehen!
- Kinder und Tiere (z. B. Katzen und Hunde) beim und einige Zeit nach dem Spritzen von den behandelten Flächen fernhalten.
- Verstopfte Düsen nicht mit einem Draht oder Nagel säubern, sondern besser mit einem Holzspan. Nie mit dem Mund ausblasen!
- Kunststoffbehälter und Schläuche nicht mehr als erforderlich der Einwirkung von Sonnenstrahlen aussetzen, da sie sonst vorzeitig altern und platzen können!
- Das Gerät nach jedem Gebrauch gründlich reinigen, vorher leerspritzen. Reinigungswasser beispielsweise unter oder zwischen die behandelten Pflanzen spritzen, Reinigungswasser *nicht* vergraben, in Gewässer, Abflüsse, Gräben, Schächte oder Dränanlagen leiten, *nicht* auf den Kompost geben. Geräte

anschließend abtrocknen lassen und in trockenem und möglichst frostfreiem Raum aufhängen, Schläuche nicht knicken, rostempfindliche Metallteile hin und wieder einfetten!

- Nach der Arbeit Körperteile, die nicht von Schutzkleidung bedeckt waren, gründlich waschen. Dazu Seife verwenden!
- Wartezeiten einhalten, auch bei Pflanzen, die unter behandelten Bäumen wachsen bzw. von Windabtrift getroffen wurden, oder diese Pflanzen während des Spritzens wirkungsvoll abdecken!
- Leere Packungen und Behälter unbrauchbar machen und zum Hausmüll geben. Nicht für andere Zwecke verwenden!
- Pflanzenbehandlungsmittel unter Verschluß und frostfrei aufbewahren!

Alte Pflanzenschutzmittel können mit dem Hausmüll beseitigt werden, soweit es sich um Präparate handelt, die in keiner Giftklasse eingeteilt sind. Pflanzenbehandlungsmittel die gekennzeichnet sind mit 'T', 'Xn' und 'Xi' dürfen jedoch nicht in den Mülleimer gelangen, sie müssen direkt an die zugehörige Hausmüllbeseitigungsanlage (Müllverbrennungsanlage oder Müllkippe) angeliefert werden.

In diesem Zusammenhang sei noch darauf hingewiesen, daß alle Pflanzenschutzmittel, die in der Bundesrepublik Deutschland gehandelt werden, bereits vorher von der Biologischen Bundesanstalt für Land- und Forstwirtschaft auf ihre Eignung geprüft und zugelassen worden sind. Die Grundlage hierfür bietet das Pflanzenschutzgesetz vom 10. Mai 1968. Die richtige und sachgerechte Anwendung der Pflanzenschutzmittel ist einzig und allein davon abhängig, inwieweit der Anwender verantwortungsbewußt die Gebrauchsanweisung exakt beachtet.

Gesetzliche Richtlinien

Im Bezug zu den Pflanzenschutzmaßnahmen, die im Haus- und Kleingarten durchgeführt werden, sind einige wichtige gesetzliche Maßnahmen zu beachten:

An erster Stelle sei hier das **Pflanzenschutzgesetz** vom 10. Mai 1968, zuletzt geändert durch das 3. Gesetz zur Änderung des Pflanzenschutzgesetzes vom 16. Juni 1978 erwähnt. Der Zweck dieses Gesetzes ist u. a. Schäden abzuwenden, die bei der Anwendung von Pflanzenbehandlungsmitteln oder von anderen Maßnahmen des Pflanzenschutzes oder Vorratschutzes, insbesondere für die Gesundheit von Mensch und Tier entstehen können. In § 7 dieses Gesetzes wird festgelegt, daß Pflanzenbehandlungsmittel nur eingeführt oder gewerbsmäßig vertrieben werden dürfen, wenn sie von der Biologischen Bundesanstalt für Land- und Forstwirtschaft zugelassen sind. Diese Zulassung wird nach Prüfung des Mittels erteilt, wenn

- das Pflanzenbehandlungsmittel nach dem Stande der wissenschaftlichen Erkenntnisse in der Technik hinreichend wirksam ist,
- die Erfordernisse des Schutzes der Gesundheit von Mensch und Tier beim Verkehr mit gefährlichen Stoffen nicht entgegenstehen und
- das Pflanzenbehandlungsmittel bei bestimmungsgemäßer und sachgerechter Anwendung keine schädlichen Auswirkungen für die Gesundheit von Mensch und Tier sowie keine sonstigen schädlichen Auswirkungen hat, die nach dem Stande der wissenschaftlichen Erkenntnisse nicht vertretbar sind.

Dies bedeutet, daß alle Pflanzenschutzmittel, die gehandelt werden, vorher sich einer strengen Prüfung unterziehen mußten.

Auch die **Verordnung zum Schutz von Bienen** vor Gefahren durch Pflanzenschutzmittel (Bienenschutzverordnung) vom 19. Dezember 1972 ist für den Anwender von Pflanzenschutzmitteln von größter Bedeutung. In dieser Verordnung wird festgelegt, daß bienengefährliche Pflanzenschutzmittel nicht an blühenden Pflanzen angewendet werden dürfen. Werden bienengefährliche Pflanzenschutzmittel eingesetzt, so

Feuerbrand an *Cotoneaster*

Scharkakrankheit bei Pflaume (Fruchtbefall)

dürfen blühende Pflanzen nicht mitgetroffen werden. Des weiteren wird festgelegt, daß innerhalb eines Umkreises von 60 m um einen Bienenstand bienengefährliche Pflanzenschutzmittel ohne Zustimmung der Imker nur außerhalb der Zeit des täglichen Bienenfluges angewandt werden dürfen.

Ob ein Präparat bienengefährlich ist, kann der Gebrauchsanweisung entnommen werden.

Bei den in diesem Buch angegebenen Bekämpfungsmitteln bedeutet die Bezeichnung: »B 1« = bienengefährlich. Diese Mittel dürfen nicht auf blühende Pflanzen ausgebracht werden. Zu den blühenden Pflanzen gehören auch blühende Unkräuter. »B 4« = nicht bienengefährlich (aufgrund einer amtlichen Prüfung bzw. der derzeitigen Beurteilung der chemischen Zusammensetzung hinsichtlich der Wirkung auf Bienen).

Meldepflichtige Krankheiten

Einige Krankheiten, die im Haus- und Kleingartenbereich vorkommen können, sind gleichzeitig auch meldepflichtig. Nach der 3. Verordnung zur **Bekämpfung des Feuerbrandes** vom 10. Mai 1973 wurde festgelegt, daß Verfügungsberechtigte und auch Besitzer von Pflanzen verpflichtet, der zuständigen Behörde das Auftreten und den Verdacht des Auftretens des Feuerbrandes *(Erwinia amylovora)* unter Angabe der Pflanzenart sowie des Standortes und des Umfanges des Bestandes der Pflanzen unverzüglich zu melden. Stehen derartige Pflanzen höchstens 3 Jahre an ihrem Standort, erstreckt sich die Meldepflicht auch auf die Pflanzenherkunft. Weitere Auskünfte erteilen die jeweiligen Pflanzenschutzämter.

Verfügungsberechtigte und Besitzer von Pflanzen sind verpflichtet, vom Feuerbrand befallene oder des Befalls mit dem Feuerbrand verdächtige Pflanzen zu vernichten, wenn dies zur Bekämpfung des Feuerbrandes erforderlich ist und die zuständige Behörde dies anordnet. Die Pflanzen sind zu roden und an ihrem Standort bzw. in möglichster Nähe ihres Standortes zu vernichten. Auch hier erteilen weitere Auskünfte die jeweiligen Pflanzenschutzämter.

In diesem Zusammenhang sei darauf hingewiesen, daß der Wirtspflanzenkreis des Feuerbrandes relativ eng ist. Befallen werden: *Cotoneaster* (Felsenmispel), *Crataegus* (Weiß- und Rotdorn), *Cydonia* (Quitte), *Malus* (Apfel), *Pyracantha* (Feuerdorn), *Pyrus* (Birne), *Sorbus* (Vogel- oder Mehlbeere) und *Stranvaesia* (Stranvaesie).

Auch die Verordnung zur **Bekämpfung der Scharkakrankheit** vom 7. Juni 1971 ist zu beachten. Bei Scharka handelt es sich um eine Viruskrankheit bei Pflaumen. Die Verordnung schreibt vor, daß Verfügungsberechtigte und Besitzer von Pflanzen, einschließlich abgetrennter Früchte und Samen, verpflichtet sind, der zuständigen Behörde das Auftreten und den Verdacht des Auftretens der Scharkakrankheit zu melden (Weiteres siehe Feuerbrand).

Auf die Giftverordnungen der einzelnen Bundesländer einzugehen, ist in diesem Zusammenhang nicht erforderlich, da im Kleingartenbereich nur Pflanzenbehandlungsmittel zur Anwendung kommen, die im Sinne dieser Gesetze und Verordnungen zu den nicht giftigen – oder aber zumindest zu den weniger giftigen Stoffen zählen.

Viruskrankheiten

Viruskrankheiten, auch Virosen genannt, werden durch Viren verursacht. Viren sind stab- oder kugelförmige Krankheitserreger, die Menschen, Tiere, Bakterien oder Pflanzen infizieren können. Sie sind nur durch das Elektronenmikroskop sichtbar.

Pflanzenschädliche Viren dringen stets über Wunden in das Gewebe der Pflanzen ein. Als Virusüberträger kommen in erster Linie Blattläuse aber auch andere Tiere, die an den Pflanzen saugen, wie z. B. Zikaden, Wanzen, Thripse, Milben oder auch Nematoden in Betracht.

Die Übertragung kann jedoch auch mechanisch durch den Menschen erfolgen und zwar durch Bearbeitungsgeräte (Messer) oder aber einfach durch Pflanzensaft, der mit den Fingern von einer auf die andere Pflanze gebracht wird.

Selbstverständlich kann eine Virusübertragung auch durch Pfropfung erfolgen, wenn das Edelreis oder aber die Unterlage bereits viruskrank ist. Das sogenannte Ringflecken-Virus der Kirsche wird z. B. durch den Blütenstaub von Blüte zu Blüte übertragen. Die Übertragung anderer Virosen erfolgt dagegen im Boden. Es gibt auch Viruskrankheiten, wie z. B. bei Bohnen und Salat, die durch Samen übertragen werden können.

In manchen Fällen kann es sein, daß eine einzelne Virusart von der Pflanze geduldet wird. Kommt es aber zu einer Mischinfektion durch verschiedene Virusarten, kann dies zu schweren Schädigungen führen. Nicht selten werden die Krankheitssymptome durch entsprechende Umweltbedingungen entweder ganz oder aber wenigstens vorübergehend verdeckt. Man spricht dann von einem latenten Virusbefall, der vor allen Dingen im Obstanbau dann eine ernste Gefahr darstellt, wenn von diesen Pflanzen Vermehrungsmaterial entnommen wird.

Viruskrankheiten können mit chemischen

Steinfrüchtigkeit der Birne; die Früchte sind buckelig, unter der Haut stippige, harte Stellen.

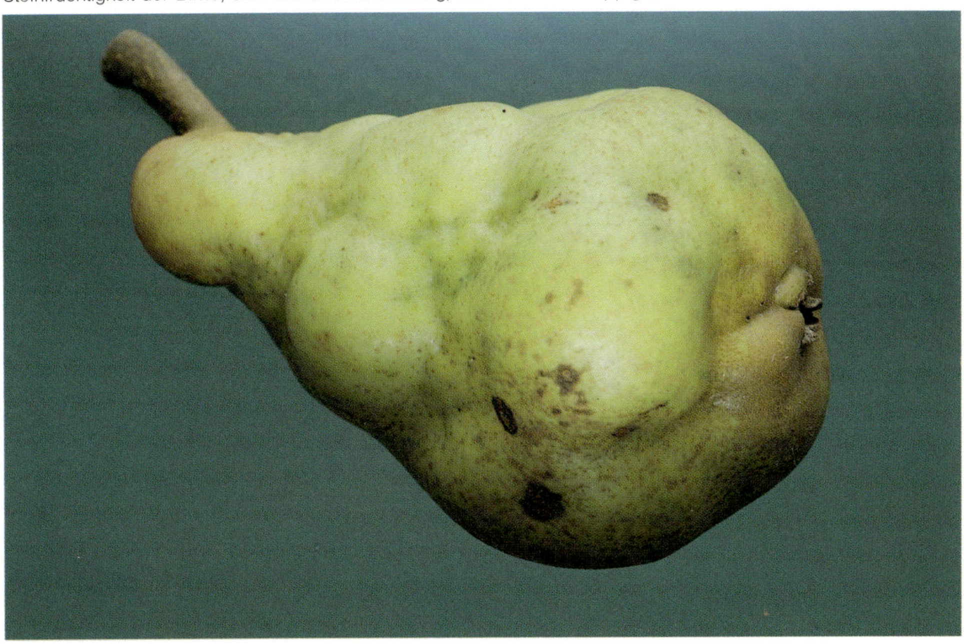

Pflanzenschutzmitteln nicht bekämpft werden. Die Bekämpfungsmaßnahmen erstrecken sich im wesentlichen darauf, daß eine Infektion der Pflanzen verhindert wird. Eine wirksame Bekämpfung der virusübertragenden Schädlinge ist daher besonders wichtig. Darüber hinaus ist darauf Wert zu legen, daß nur gesundes und getestetes Pflanz- und Saatgut verwendet wird. Im Obstanbau ist auf die Verwendung von gesundem Pfropf- und Unterlagenmaterial der allergrößte Wert zu legen.

Zu den wichtigsten Viruserkrankungen bei Gemüsepflanzen zählen u. a.:

Bohnenmosaik, Kartoffelvirosen (bei Mischinfektionen können Verluste bis zu 90% der Ernte entstehen), Salatmosaik, Tomaten- und Gurkenvirosen, Gelbstreifigkeit bei Zwiebeln.

Die wichtigsten Virosen an Obstgehölzen und Beerensträuchern sind:

Apfelmosaik, Flachästigkeit, Steinfrüchtigkeit der Birne, Pfeffinger-Krankheit bei Süßkirschen, Stecklenberger-Krankheit bei Sauerkirschen, Bandmosaik bei Zwetschen, Pflaumen, Pfirsich, Aprikose, Scharka-Krankheit an Zwetsche, Pflaume, Pfirsich, Aprikose.

Bei Zierpflanzen sind folgende Viruskrankheiten von Bedeutung:

Weißstreifigkeit der Gladiole, Mosaik-Krankheit bzw. Stauche-Krankheit bei Dahlien und die Augusta-Krankheit bei Tulpen.

Bakterien

Vergleicht man die Schäden, die durch Viren, Pilze oder tierische Schädlinge an Pflanzen entstehen können, sind die Schäden, die durch Bakterien verursacht werden, relativ gering.

Die äußerlich sichtbaren Symptome von Bakterienkrankheiten können wie folgt beschrieben werden: Krebsartige Wucherungen am Stamm, Stengel oder an den Wurzeln oder Naß- oder Weichfäule an Blättern, Stengeln oder Früchten. Sind Bakterien in die Wasserleitungsbahnen der Pflanzen eingedrungen, führt dies zu Welkeerscheinungen (z. B. bei Pelargonien oder Tomaten).

Bei der Übertragung von Pflanze zu Pflanze spielen Menschen und Tiere eine bedeutende Rolle. Eine Infektion wird durch Wärme und hohe Luftfeuchtigkeit äußerst stark begünstigt.

Zu den bedeutendsten Bakterienkrankheiten zählt Feuerbrand *(Erwinia amylovora)*; befallen werden Birnen, Äpfel, Quitten, Rot- und Weißdorn, Eberesche, Feuerdorn, Zwergmispel u. a. Pflanzen aus der Familie der Rosengewächse.

Weitere häufige Bakterienkrankheiten sind: Bakterienbrand *(Pseudomonas)*, Bakterienkrebs *(Corynebacterium)*, Bakteriennaßfäule *(Erwinia)*, Bakterienseuche *(Pseudomonas)*, Gelbfäule *(Xanthomonas)*, Wurzelkropf *(Agrobacterium)*.

Wirksame Pflanzenschutzmittel zur Bekämpfung von Bakterienkrankheiten sind nicht vorhanden. Als wirksame Gegenmaßnahmen sind daher anzusehen: Beseitigung von kranken Pflanzen, Stärkung der Pflanzen durch optimale Kulturbedingungen, Vermeidung von Wunden an den Pflanzen. Manche Bakterienkrankheiten werden durch Saatgut übertragen. Es ist daher wichtig, gesundes Saatgut zu beziehen.

Pilzliche Schaderreger

Pilze zählen ebenso wie die höheren Pflanzen zum Pflanzenreich. Sie besitzen aber zum Unterschied zu diesen kein Blattgrün (Chlorophyll) und auch keine Leitgefäße. Chlorophyll ist jedoch eine der wesentlichen Voraussetzungen für die Assimilation, ohne die kein Pflanzenwachstum auf Erden möglich ist. Pilze, die kein Blattgrün besitzen, sind daher nicht in der Lage zu leben, es sei denn, sie fänden eine Pflanze, die für sie assimiliert. Man nennt diese Lebensart, in der einer auf Kosten des anderen lebt, nicht nur in der Pflanzenwelt Schmarotzertum. Pilze, die in, an und von den Pflanzen leben, sind als Pflanzenkrankheiten anzusehen. Sie schwächen den Organismus der höheren Pflanzen, was zu deren Tode führen kann. Das große Problem bei der Bekämpfung von Pilzkrankheiten ist, daß man praktisch eine Pflanze (Pilz) *in* einer anderen Pflanze bekämpfen muß. Erfolgreich ist dies nur sehr selten möglich. Vorbeugende Maßnahmen sind daher besonders erforderlich. Im Gegensatz zu Virus-und Bakterienkrankheiten, die nicht selbst aktiv in eine gesunde Pflanze eindringen können, können dies viele Pilzarten. Es sind hier also nicht Verletzungen an den Pflanzen oder aber Überträger (z. B. Insekten) für eine Infektion nötig.

Je nachdem, welcher Teil der Pflanze befallen bzw. besiedelt wird, kann man unterscheiden:

- Wurzelerkrankungen
- Stengelgrundfäulen oder Fußkrankheiten
- Blatterkrankungen
- Gefäßkrankheiten (Die Pilze verstopfen die Leitungsbahnen der Pflanzen)

Die Verbreitung der Pilzkrankheiten erfolgt durch mikroskopisch kleine Sporen, die bei feucht-warmer Witterung besonders gut keimen können. Auch für die weitere Entwicklung der Pilzkrankheiten ist feucht-warme Witterung besonders günstig.

Je nach der Art, wie der Befall zustande kommt, kann man unterscheiden:

Gefäßparasiten dringen über die Wurzeln in die Pflanzen ein und verstopfen dort die Leitungsbahnen. Eine wirksame Bekämpfung mit chemischen Pflanzenschutzmitteln ist nicht möglich. Zu den Gefäßparasiten zählen z. B.: Asternsterben, Zwiebelfäule, Fußkrankheit, Knollentrockenfäule, Meerrettichschwärze, Wirtelpilz.

Gewebeparasiten, auch Außenparasiten genannt. Man unterscheidet hier: Außenparasiten, die von der Luft her in die Pflanzen eindringen und deren Bekämpfung relativ einfach ist, z. B.: Echter Mehltau, Monilia, Birnengitterrost, Blattdürre; und über den Boden eindringende, schwer zu bekämpfende Pilzkrankheiten, z. B. Fußkrankheiten, Kohlhernie, Hallimasch, Wurzel- und Stammfäule, Rutensterben, Zweig- und Knospenkrankheit.

Die Gurkenkrätze, der Grauschimmel und der Falsche Mehltau befallen die Pflanze dagegen sowohl über den Boden als auch von der Luft her.

Tierische Schaderreger

Fadenwürmer, Älchen (Nematoden)

Bei den Fadenwürmern unterscheidet man: Wurzelgallenälchen, Wurzelälchen mit Zystenbildung außen an den Wurzeln, Wurzelälchen freilebend ohne Zystenbildung, Blattälchen, Stock- oder Stengelälchen. Wirksame Bekämpfungsmaßnahmen im Haus- und Kleingartenbereich gibt es nicht. Befallene Pflanzen sollen entfernt werden.

Die Schadbilder der einzelnen Fadenwürmer-Arten lassen sich wie folgt beschreiben:

Wurzelgallenälchen

An den Wurzeln findet man gallenartige Anschwellungen, die verschieden groß sein können. Die Wurzeln, die unterhalb der Gallen gelegen sind und die Gallen selbst verfaulen und sterben allmählich ab. Die Pflanzen kümmern und gehen ein. Die Larven, die im Boden leben, bohren sich in die Wurzeln bzw. Knollen ein. Dort findet dann auch der Umwandlungsprozeß von der Larve zum Geschlechtstier statt. Männchen werden dabei sehr selten gebildet. Die Weibchen setzen sich im Gewebe fest und nehmen birnen- oder flaschenförmige Gestalt an.

Dort, wo sich die Weibchen festsetzen, schwellen Wurzeln oder Knollen und werden zu besagten Gallen. Das Weibchen stirbt nach der Reifung der in seinem Inneren sich entwickelnden Eier ab. Die Haut des Weibchens bildet noch für eine längere Zeit für die Eier eine Hülle. Nach dem Zerfall der Gallen gelangen die neuen Larven in den Boden und die Entwicklung, die bei 27 °C 25 Tage und bei 16,5 °C 87 Tage dauern kann, beginnt von neuem.

Wurzelälchen mit Zystenbildung außen an den Wurzeln

Die befallenen Pflanzen bleiben im Wuchs zurück. Die Wurzeln zeigen selbst keine Schwellungen. Die Weibchen sprengen die Wurzelwand auf und werden außen als stecknadelkopfgroße Zysten sichtbar. Die Zysten fallen nach der Reife von den Wurzeln ab und entlassen die jungen Älchen in den Boden.

Wurzelälchen freilebend, ohne Zystenbildung (freilebende Nematoden)

Die befallenen Pflanzen bleiben im Wuchs zurück. Die Wurzeln sind verbräunt. Der Schaden tritt im Bestand immer herdweise auf.

Blattälchen

Blattälchen befallen die Pflanzen vom Boden aus. Die Tiere wandern bei ausreichender Feuchtigkeit an der Oberfläche der Stengel zu den Blättern hoch. Dort dringen sie durch die Spaltöffnungen in das Blattinnere ein. Die befallenen Blätter verfärben sich zuerst gelblichbraun und später schwarz. Die Verfärbung ist meistens zwischen größeren Blattadern, die ihrerseits als Barrieren bei der Ausbreitung im Wege sind, sichtbar.

Stock- oder Stengelälchen

Die Triebe der befallenen Pflanzen sind gekrümmt, verbogen, angeschwollen bzw. verkrüppelt. Aber auch die Blätter können Befall zeigen, sie sind dann gekräuselt bzw. verdickt. Die jungen Älchen schlüpfen aus den Eiern, die im Inneren der Pflanze abgelegt sind. Sie dringen in die Erde ein und verseuchen dann andere Pflanzen.

Milben

Milben sind Pflanzensaftsauger, d. h., sie stechen das Gewebe der Pflanzen an und saugen den Zellinhalt aus. Man unterscheidet: Spinnmilben, Weichhautmilben und Gallmilben.
Zur Bekämpfung gibt es verschiedene chemische Präparate, die in dem Tabellenteil aufgeführt sind. Die Präparate sind meist nicht gegen Milbeneier wirksam.

Spinnmilben (Rote Spinne, Bohnenspinnmilbe)

Die ca. 0,5 mm großen Tiere entwickeln sich besonders gut bei trockener und warmer Witterung. Sie halten sich vorzugsweise auf den Blattunterseiten auf. Bei einem Massenbefall sind die Blattunterseiten dann auch überzogen mit einem feinem Gespinst (Spinnmilben).
Je nachdem, auf welcher Nährpflanze sich die Spinnmilben befinden, sind diese gelblich, grünlich oder rötlich gefärbt. Die Larven besitzen 6 Beine, die ausgewachsenen Tiere dagegen 8. Spinnmilben vermehren sich durch Eier. Diese sind kugelrund und hell gefärbt.
Während die Gemeine Spinnmilbe im ausgewachsenen Zustand am Fuße von Pflanzen in

Spinnmilben, auch bekannt als Rote Spinne

der Bodennähe überwintert, findet die Überwinterung der Obstbaum- und Nadelholzspinnmilbe in Eiform statt.
Ein Spinnmilbenschaden ist an den zunächst gesprenkelten Blättern (einzelne Saugstellen) und später an der gänzlichen Vergilbung der Blätter, die von einem feinen Gespinst überzogen sind, zu erkennen.
Spinnmilben schädigen im Gemüsegarten bei Bohnen, Gurken und Tomaten, im Obstgarten bei Erdbeeren, Himbeeren, Weinrebe, Haselnuß, Kirsche, Mirabelle, Pflaume, Zwetsche, Pfirsich, Apfel, Birne, im Ziergarten bei Laub- und Nadelgehölzen, Stauden, ein- und zweijährigen Sommerblumen.
Zur Spinnmilbenbekämpfung sind eine Reihe von Präparaten geeignet. Allen gemeinsam ist, daß sie gegen die Spinnmilbeneier unwirksam sind.

Weichhautmilben

Die glasklar, durchscheinenden Weichhautmilben sind mit dem bloßen Auge nicht zu erkennen. Man findet sie mit Hilfe einer Lupe an den Herzblättchen bzw. am Vegetationskegel der Pflanzen. Weichhautmilben lieben im Gegensatz zu den Spinnmilben eine hohe Luftfeuchtigkeit und etwas kühlere Temperaturen. Die geschädigten Pflanzen sind an den verkrüppelten (gekräuselten) Blättern zu erkennen. Der Wuchs der Pflanze stockt, weil die Schädlinge bereits an den Herzblättchen saugen, so daß eine normale Blattentwicklung unterbleiben muß.
Weichhautmilben schädigen in erster Linie an Erdbeeren (Erdbeermilbe), aber auch an verschiedenen Zier- und Zimmerpflanzen können sie großen Schaden anrichten.

Gallmilben

Die winzig kleinen Milben, die nur 0,1–0,2 mm lang und fast farblos sind, scheiden beim Saugen einen für die Pflanzen giftigen Speichel aus, worauf die Pflanzen mit Mißbildungen (Gallen) an den Blättern reagieren.
Vergallte Knospen werden z. B. von der Johannisbeergallmilbe verursacht. Bei Brombeeren verursachen Gallmilben eine schlechte Fruchtausreife.

Tausendfüßler

Gliederfüßler

Zu den Gliederfüßlern gehört der langgestreckte am oder im Boden sich aufhaltende Tausendfüßler. Seine Körperlänge kann je nach Art von 2 mm bis 30 cm betragen. Natürlich haben Tausendfüßler keine 1000 Füße, 200 oder etwas mehr können es jedoch schon sein.
Die Tiere bevorzugen einen feuchten Boden. Einige Arten sind räuberisch, andere jedoch fressen junge Sämlinge oder bohren sich ein in Erdbeeren, Gurken oder gar Kartoffeln.
Tausendfüßler können geködert werden mit Scheiben von Kartoffeln bzw. Möhren, die man unter umgestülpten Blumentöpfen versteckt. Die Tiere können dort abgesammelt und vernichtet werden. Auch durch Schneckenkorn und Insektizidpulver werden die Tiere getötet.

Springschwänze

Die Springschwänze werden zu den Ur-Insekten gezählt und sind nahe verwandt mit den Silberfischchen. Ihren Namen haben die Tiere von der an ihrem Hinterende befindlichen Sprunggabel, die die Tiere zum Springen befähigt. Bemerkenswert ist allerdings, daß nicht alle Springschwanzarten diese Sprunggabel besitzen.
Die Tiere halten sich am liebsten in gleichmäßig feuchter Erde auf. Sie ernähren sich im allgemeinen von zerfallender organischer Substanz.

Gelegentlich schädigen sie jedoch auch an zarten, saftigen Pflanzenteilen. Keimender Samen bzw. junge Sämlinge sind daher besonders gefährdet.
Da sich die Springschwänze in feuchtem Substrat besonders gut vermehren können, ist es empfehlenswert, die Pflanzen gelegentlich etwas trockener werden zu lassen. Auch durch das Auflockern der Bodenoberfläche werden die Tiere in ihrer Entwicklung gestört.
Eine Anwendung von chemischen Pflanzenschutzmitteln erübrigt sich in den meisten Fällen. Möglich ist im Notfall das Ausbringen von pulverförmigen Insektiziden auf die Bodenoberfläche.

Geradflügler

Typische Merkmale für die Geradflügler sind beißende Mundwerkzeuge, d. h., es handelt sich hier um fressende Insekten. Zu den Geradflüglern, die im Gemüse-, Obst- und Ziergarten schädlich bzw. lästig werden können, zählen: die Maulwurfsgrille und der Ohrwurm.

Maulwurfsgrille (Werre)

Die Maulwurfsgrille frißt neben Pflanzenwurzeln auch Insektenlarven, Schnecken, Regenwürmer und anderes Kleingetier im Boden.
Nach der Paarung legt das Weibchen im Laufe des Sommers etwa 300 Eier in ein faustgroßes Nest, das sich im allgemeinen 3 cm tief im Boden befindet. Die jungen Larven sind so groß wie Ameisen und äußerst gefräßig.
Bis zum Winter sind die Larven soweit herangewachsen, daß diese gut überwintern können.
Neben der Fraßtätigkeit, besonders bei Gemüsepflanzen, machen sich die Tiere durch ihre enorme Wühltätigkeit im Gemüse- oder Blumenbeet unangenehm bemerkbar. Welkende oder umgefallene Jungpflanzen sind typisch für einen Maulwurfgrillenbefall.
Ebenerdiges Eingraben von Büchsen, die man mit Wasser etwas anfüllt, reicht oft schon zur Bekämpfung aus. Über Nacht, wenn die Tiere auf Wanderschaft sind, fallen sie in diese Büchsen hinein und können sich von alleine nicht mehr befreien. Auch die Anwendung von Ködermitteln ist möglich.

Ohrwurm

Der Ohrwurm krabbelt natürlich nicht in die Ohren der Menschen. Er bevorzugt dunkle und feuchte Stellen im Garten. Seine Nahrung besteht aus Blütenblättern von Dahlien, Rosen oder auch Chrysanthemen. Durch seinen Kot werden die Blüten zusätzlich noch verunziert.
Die Ohrwürmer fressen aber auch Blattläuse gerne. Im Garten wird der Ohrwurm mit einem umgestülpten und mit feuchtem Stroh oder Laub gefüllten Blumentopf geködert. Im Handel werden auch entsprechende Behälter »Schlafsäcke für Ohrwürmer« angeboten. Die so geköderten Tiere werden in Obstbäume verbracht, wo sie dann auf die Jagd nach Blattläusen gehen können.

Blasenfüße (Fransenflügler, Thripse)

Thripse lieben Wärme und trockene Luft. Sie sind ca. 1–2 mm lang und zählen zu den saugenden Insekten. Während die ausgewachsenen Tiere geflügelt sind, sind die Larven ungeflügelt.
Mit Hilfe eines Legestachels erfolgt die Eiablage sowohl in den Blättern als auch auf den Blättern. Pro Jahr entwickeln sich mehrere Generationen. Thripse saugen besonders an den Knospen oder an dem jungen Gewebe.
Die befallenen Pflanzen sind an den verkrüppelten, silbrig-glänzenden Blättern, die sich später gelb verfärben und letztlich vertrocknen, leicht zu erkennen. Schwärzlich-glänzende Kottröpfchen der Tiere sind ebenfalls relativ gut sichtbar. Thripse können im Gemüsegarten an Erbsen, Gurken, Porree, Tomaten und Zwiebeln schädigen. Im Ziergarten ist der Gladiolenblasenfuß besonders gefürchtet.

Schnabelkerfe

Es handelt sich hier um saugende Insekten, die sich von Pflanzensäften ernähren. Aus der Gruppe der Schnabelkerfe stammen besonders viele Pflanzenschädlinge, die uns an Garten- und Zimmerpflanzen Probleme bereiten. Zu den wichtigsten Arten sind zu zählen: Blattläuse, Blattwanzen, Mottenschildläuse (Weiße Fliege), Schildläuse, Zikaden, Blattflöhe.

Blattläuse
Die Blattläuse zählen zu den im Garten am häufigsten vorkommenden Schädlingen. Es gibt kaum Pflanzen im Garten, die nicht von Blattläusen befallen werden können. Die Lebensweise dieser Tiere ist verzwickt. In vereinfachter Form läßt sie sich wie folgt darstellen.
Betrachtet man die Blattlauskolonie etwas näher, dann kann man die Blattläuse in ihren verschiedenen Entwicklungsstadien beobachten: Altläuse, ältere Larven, jüngere Larven, Vorstadien von geflügelten Läusen (Nymphen) und geflügelte Läuse. Neben Arten, die das ganze Jahr nur eine Wirtspflanzenart besiedeln, gibt es auch solche, die zu bestimmten Jahreszeiten ihre Wirtspflanzen wechseln.
Aus den Eiern, die den Winter an verholzten Pflanzen überdauert haben (Winterwirt), schlüpfen im Frühjahr ungeflügelte Weibchen (Stammütter). Diese gebären ohne Befruchtung zunächst flügellose Weibchen (Jungfern). Später entstehen dann Weibchen mit Flügelstummeln, die nach einigen Häutungen als geflügelte Jungfern abfliegen können. Diese geflügelten Blattläuse bilden auf anderen Pflanzen durch Absetzen von jungen Larven wieder neue Blattlauskolonien. Erst im Spätsommer entwickeln sich wiederum geflügelte Tiere und zwar jetzt Männchen und Weibchen, die sich auf dem verholzenden Winterwirt ansiedeln. Nach der Befruchtung werden Eier abgelegt, die dort überwintern.

Von diesem Zyklus können nun je nach Blattlausart die verschiedensten Abweichungen beobachtet werden. So können in manchen Gegenden auch die »Jungfern« überwintern.

In Gewächshäusern oder auch bei Zimmerpflanzen auf der Fensterbank pflanzen sich die Blattläuse das ganze Jahr über ungeschlechtlich, d. h. ohne Befruchtung fort. Die Anzahl der Generationen, die jährlich entstehen können, ist in erster Linie von der Temperatur abhängig. Unter günstigen Bedingungen kann eine einzige Blattlaus mehr als 150 lebende Junge gebären, die sich ihrerseits nach 7–10 Tagen wieder weiter vermehren können.

Blattläuse saugen an Blättern, Trieben, Triebspitzen, Blüten und einige Arten sogar an den Wurzeln der Pflanzen. Sie können je nachdem grün, gelblichgrün oder schwarz sein.
Während die meisten Arten sozusagen nackt sind, sind andere wieder bedeckt mit einem mehligen Überzug (Mehlige Kohlblattlaus).
Die befallenen Blätter sind verkrüppelt und teilweise verfärbt. Die befallenen Triebe gekrümmt oder gestaucht. Die Pflanzen bleiben im Wuchs zurück und können schwer geschädigt werden.
Blattläuse müssen aus mehreren Gründen bekämpft werden.

- Sie entziehen den Pflanzen Zellsaft, was zu einer Schwächung der Pflanzen führt.
- Einige Arten geben beim Anstechen des Pflanzengewebes pflanzengiftige Stoffe ab, was zu einem krankhaften Wuchs führt (gekräuselte und eingerollte Blätter).
- Bei der Speichelabgabe in das pflanzliche Gewebe und der Aufnahme des Pflanzensaftes können Blattläuse Viruskrankheiten übertragen.
- Die zuckerreichen, klebrigen Ausscheidungen der Blattläuse verunzieren die Pflanzenteile dann, wenn sich darauf Rußtaupilze ansiedeln.
- Vielen Ameisen dient der »Blattlaushonig« als Nahrung. Wo viele Blattläuse sind, gibt es auch erfahrungsgemäß viele Ameisen.

Zu den natürlichen Blattlausfeinden zählen die Florfliegen mit ihren Larven, die Marienkäfer mit ihren Larven und auch die Schwebfliegen- und Schlupfwespenlarven. Ohrwürmer können sich auch von Blattläusen ernähren.
Zur Bekämpfung reicht es oft schon aus, wenn man bei einem Anfangsbefall die ersten befallenen Blätter bzw. Triebe entfernt. Nimmt der Befall jedoch überhand, müssen geeignete Insektizide eingesetzt werden.
Spritzbrühen können auch selbst aus Brennnesseln bzw. Schmierseife hergestellt werden. Näheres zur Bekämpfung können Sie bei den einzelnen Kulturen im Tabellenteil nachlesen.

Blattwanzen
Blattwanzen können sich besonders gut bei Wärme und in trockener Luft entwickeln. Sie sind ca. 5–10 mm lang und im ausgewachsenen Zustand geflügelt. Die Larven sind dagegen flügellos.

Ohrenkneifer können nützlich oder schädlich sein.

Blattläuse gehören zu den Lebendgebärenden.

Blattwanzen vermehren sich durch Eier, meistens entwickelt sich nur eine einzige Generation pro Jahr.

Sowohl die Larven als auch die Vollinsekten können durch ihre Saugtätigkeit Schäden an jungen Trieben und Blättern sowie an den Knospen verursachen. Eine große Bedeutung hat dabei der Speichel, den die Tiere abgeben. Er wirkt auf das Pflanzengewebe giftig. Die typischen Schadbilder sind: Verkrüppelte Blätter, die vielfach durchlöchert sein können.

Gefährdete Pflanzen sind insbesondere Forsythien, Rosen, Dahlien, Hortensien und auch Chrysanthemen.

Eine erfolgreiche Bekämpfung (siehe Tabellenteil) muß frühmorgens erfolgen, wenn die Tiere von der Nacht her noch klamm und unbeweglich sind. Blattwanzen sind bei Wärme und Sonnenschein sehr lebhaft. Schon die Wahrnehmung eines Schattens kann genügen, daß sie die Flucht ergreifen.

Mottenschildlaus (Weiße Fliege)

Trockene Luft und Wärme sind ideale Voraussetzungen für die Entwicklung der Weißen Fliege. Sie ist daher eher ein Gewächshausschädling, kann aber mit den Pflanzen aus dem Gewächshaus auch ins Freiland gebracht werden.

Die erwachsenen Tiere sind etwa 1,5 mm lang und besitzen 4 dachförmig übereinander stehende Flügelchen, die genauso wie der übrige Körper mit weißen Wachsausscheidungen bedeckt sind.

Das Weibchen ist in der Lage bis zu 500 Eier auf die Blattunterseite zu legen. Diese Eier sind zuerst gelblich oder grünlichweiß und verfärben sich später dunkelbraun. Schon bald nach der

Weiße Fliege; befruchtetes Weibchen bei der Eiablage

Eiablage schlüpfen die Larven, die in der ersten Zeit noch beweglich sind. Im weiteren Entwicklungsverlauf werden sie jedoch wie die sogenannten Pupparien (puppenähnlicher Zustand) unbeweglich.
Die Entwicklungsdauer vom Ei bis zum Vollinsekt dauert unter günstigen Bedingungen (+25–30 °C und niedere relative Luftfeuchte) etwa 2,5–3 Wochen.
Der Schädling kann an einer Vielzahl von verschiedenen Pflanzenarten vorkommen. Die befallenen Blätter werden gelbfleckig. Sie sind zumeist mit Honigtau (klebrige Ausscheidungen der Tiere) überzogen, auf dem sich dann die Rußtaupilze ansiedeln können.
Im Gemüsegarten schädigt die Weiße Fliege an Tomaten, im Ziergarten besonders an den Pflanzen in Balkonkästen. (Zur Bekämpfung siehe einzelne Kulturen im Tabellenteil.)

Schildläuse; Eier und Larven befinden sich geschützt unter dem Deckel der Mutterlaus.

Schildläuse
Sowohl an den Stämmen wie an den Ästen und gelegentlich auch an Blättern und Früchten kann man die kleinen, leicht abkratzbaren Pusteln oder Schuppen, die verschiedenartige Formen und Farben haben können, beobachten.
Die Schildläuse zählen ebenfalls zu den saugenden Insekten.
Deckelschildläuse, dazu ist zu zählen die Kommaschildlaus, die rote und zitronenfarbene Austernschildlaus und die gefürchtete San-Josè-Schildlaus. Bei diesen Schildlaus-Arten kann man den Schild wie einen Deckel vom Leib der Laus abheben. Die Vermehrung erfolgt durch Eier, lediglich die San-Josè-Schildlaus macht hier eine Ausnahme, sie bringt lebende Junge hervor. Während die rote und zitronenfarbene Austernschildlaus einen mehr rundlichen Schild besitzt, ist der Schild der Kommaschildlaus länglich gebogen.
Bei der San-Josè-Schildlaus handelt es sich um einen meldepflichtigen Schädling. Sie liebt besonders warme Gegenden und ist in weiten Teilen der Bundesrepublik noch nicht vorhanden. Als Wirtspflanzen dienen Kern- und Steinobst, sowie die Triebe der Johannisbeere. Auffallend bei einem San-Josè-Schildlaus-Befall sind rote Flecken an Äpfeln oder Birnen, besonders am Kelch und in Stielnähe. Sobald ein Befallsverdacht vorliegt, sollten die zuständigen Pflanzenschutzdienststellen (s. S. 182) benachrichtigt werden.
Schalenschildläuse, zu denen die wollige Schalenschildlaus und die Zwetschenschildlaus gezählt werden. Im Gegensatz zu den Deckelschildläusen ist der Schild hier nicht abnehmbar, sondern besteht aus der verdickten Rückenhaut der Tiere.
Schmierläuse schädigen in erster Linie an Zierpflanzen, sie kommen gelegentlich auch vor auf Reben und bei Beerenobst.
Schildläuse können sich sehr schnell vermehren, was dazu führt, daß die befallenen Pflanzen in ihrem Wuchs gehemmt sind. Die klebrigen Ausscheidungen (Honigtau) verschmutzen besonders dann, wenn diese vom Rußtau befallen sind Blätter und Früchte. Geeignete Gegenmaßnahmen können Sie unter der jeweiligen Kultur dem Tabellenteil entnehmen.

Zikaden
Zikaden können besonders im Ziergarten z. B. bei Rosen, Haselnuß oder Ulmen durch ihre Saugtätigkeit an den Blättern Schäden verursachen. Das Schadbild ähnelt dem, wie sie durch Spinnmilben entstehen können (hell gesprenkelte Blätter).

Die Rosenzikade ist ein 2–3 mm großes Insekt, hier die Larve.

Die Zikaden selbst sind ca. 2–3 mm lang und gelblich oder grünlich gefärbt. Werden sie gestört, springen oder fliegen sie davon. Die Larven haben noch keine ausgebildeten Flügel und können daher nur mit ihren Hinterbeinen, die als Sprungbeine ausgebildet sind, davonspringen.
Eine Bekämpfung ist im allgemeinen nicht erforderlich. Bei stärkerem Befall verwendet man dieselben Präparate wie zur Blattlaus-Bekämpfung.

Blattflöhe
Schäden können entstehen an Äpfeln (Apfelblattsauger), Birnen (Birnenblattsauger), Buchsbaum (Buchsbaumblattfloh), Möhren (Möhrenblattfloh).
Zur Bekämpfung können, falls unbedingt erforderlich, dieselben Präparate eingesetzt werden, wie zur Blattlausbekämpfung.

Käfer

Alle Käfer-Arten und ihre Raupen zählen zu den beißenden Insekten. Je nach Käfer-Art kann die Größe der Tiere unterschiedlich sein. Sie schwankt von wenigen Millimetern bis mehreren Zentimetern.
Käfer können an Obst- und unterirdischen Pflanzenteilen z. T. erhebliche Schäden verursachen.
Die Tiere vermehren sich durch Eier, die entweder am Boden oder an den oberirdischen Pflanzenteilen abgelegt werden können. Aus den Eiern schlüpfen die Larven, die sich verpuppen. Aus der Puppe wiederum schlüpfen dann die Käfer. Die Entwicklungsdauer ist unterschiedlich lang. Beim Maikäfer z. B. dauert sie 3–5 Jahre. Bei den meisten Arten kommt es aber pro Jahr mindestens zu einer Generation. Die Fraßschäden, die die Käfer verursachen können, sind vielgestaltig. Man unterscheidet je nach Fraßbild u. a.: Blattrandfraß, Bohrfraß, Buchtenfraß, Fensterfraß, Minierfraß, Lochfraß und Skelettierfraß.
Häufig auftretende Käfer sind z. B.: Apfelblütenstecher, Borkenkäfer, Dickmaulrüßler, Maikäfer, Schnellkäfer, Kartoffelkäfer, Kohlerdfloh und viele andere.
Eine gute Möglichkeit zur Bekämpfung ist in vielen Fällen das Absammeln der Tiere. Geeignete chemische Präparate sind in den Tabellen unter der jeweiligen Kultur aufgeführt.

Maikäfer; »Maikäferplagen« waren früher, als es noch keinen chemischen Pflanzenschutz gab, sehr gefürchtet, man konnte die Käfer nur aufsammeln und vernichten.

Hautflügler

Blattwespen, Sägewespen

Während die ausgewachsenen Tiere, im Gegensatz zu den »typischen« Wespen, die sich durch Stachel und Wespentaille auszeichnen, zumeist harmlose Blütenbesucher sind, die 2 Paar häutige und durchsichtige Flügel besitzen, zählen die Larven der Blatt- und Sägewespen zu den beißenden Insekten. Den Schadbildern nach, die beim Fraß entstehen, unterscheidet man: Blattfraß (Stachelbeerblattwespe) und Bohrfraß bei Früchten (Pflaumen- und Apfelsägewespe). Die Larven der Stachelbeerblattwese überwintern genauso wie auch die der Pflaumen- und Apfelsägewespe im Boden. Nach einer Verpuppung im Frühjahr fliegen die Blattwespen von Ende April/Anfang Mai und beginnen sofort mit der Eiablage.

Eine erfolgreiche Bekämpfung bei der Pflaumen- und Apfelsägewespe ist nur möglich, wenn behandelt wird, bevor die Larven sich in die Früchte einbohren. Nicht ganz so termingebunden ist der Bekämpfungszeitpunkt bei der Stachelbeerblattwespe.

Ameisen

Im Wald gehört speziell die Waldameise zu den wichtigsten Schädlingsvertilgern – auf Wegen, Terrassen, im Blumenbeet und selbst im Rasen können jedoch Ameisen den Menschen regelrecht tyrannisieren. Zur Ameisenbekämpfung sind eine Reihe von geeigneten Präparaten auf Lindanbasis vorhanden. Man sollte zunächst die »Ameisenstraßen« ausfindig machen und einen der wirksamen Präparate auf die »belaufenen« Straßen streuen. Auf diese Weise wird der Wirkstoff von den Ameisen selbst in die Nester hineingetragen und kommt so nachhaltig zur Wirkung. Von Fall zu Fall können die Präparate auch in Wasser aufgelöst werden, damit sie im Gießverfahren ausgebracht werden können. Die Anwendung ist zu wiederholen.

In diesem Zusammenhang sei auch darauf hingewiesen, daß die Ameisen sich regelrecht Blattlauskolonien heranzüchten. Sie leben von den Drüsenausscheidungen der Blattläuse. Die Ameisenbekämpfung stellt daher auch eine indirekte Blattlausbekämpfung dar.

Ameisen ernähren sich von den süßen Ausscheidungen der Blattläuse.

Schmetterlinge

Die Schmetterlinge selbst sind harmlose Blütenbesucher, die sich von Nektar und Wasser ernähren. Ihre Raupen sind dagegen sehr gefräßig und können erhebliche Schäden verursachen. Sie werden zu den beißenden Insekten gezählt.

Man unterscheidet: Kleinschmetterlinge, zu denen die Gespinstmotten, die Motten und die Wickler zählen, z. B. Apfelwickler, Gespinstmotte, Himbeerglasflügler, Kohlschabe (Kohlmotte), Lauchmotte, Obstbaumminiermotte, Pflaumenwickler und viele andere. Ihre Raupen leben meistens entweder im Pflanzeninneren oder aber in Blattwickeln.

Großschmetterlinge, zu denen Eulen-, Spanner-, Spinner- und Tagfalter gehören sind z. B. Frostspanner, Goldafter, Großer Kohlweißling, Kohleule. Ihre Raupen fressen außen an den Pflanzen.

Schmetterlinge machen, wie fast alle Insekten, folgende Entwickungsstadien durch: Ei, Raupe, Puppe, Schmetterling.

Verschiedene Entwicklungsstadien bei dem Goldafter: Eier (oben links); Raupen (oben rechts); Puppe (unten links); Falter (unten rechts)

Eine gute Möglichkeit zur Bekämpfung in vielen Fällen ist das Absammeln der Tiere.
Zur Bekämpfung von freifressenden Schmetterlingsraupen stehen biologische Pflanzenschutzmittel zur Verfügung. Es handelt sich dabei um Bakterien-Präparate (s. S. 16). Weitere Bekämpfungsmaßnahmen sind im Tabellenteil unter den jeweiligen Kulturen aufgeführt.

Zweiflügler

Zweiflügler (Fliegen, Mücken) besitzen, wie der Name sagt, nur 1 Paar und nicht, wie bei vielen Insekten üblich, 2 Paar Flügel. Das zweite Flügelpaar ist zu kleinen »Schwingkölbchen« umgewandelt.

Auch bei den Zweiflüglern richten die ausgewachsenen Stadien keinen Schaden bei den Pflanzen an. Es sind wiederum lediglich die Larven, die erhebliche Schäden verursachen können. Sie gehören zu den fressenden Insekten. Der Fraß kann entweder an oberirdischen Pflanzenteilen (Kirschfruchtfliege) oder an unterirdischen Pflanzenteilen (Kohl-, Möhren- oder Zwiebelfliege) erfolgen. Typisch für die Larven ist, daß sie keine Beine besitzen.
Schäden können auch entstehen z. B. durch Birnengallmücken, Bohnenfliegen, Chrysanthemen-Minierfliegen, Drehherzmücken, Himbeerrutenfliegen, Narzissenfliegen, Nelkenfliegen, Spargelfliegen, u. a. (Zur Bekämpfung siehe Tabellenteil, unter der jeweiligen Kultur).

Weichtiere (Schnecken) X

Niederschlagsreiche Witterung fördert die Entwicklung der Schnecken. Die Tiere gehen bei Regenwetter und vor allem nachts auf Nahrungssuche. Sie hinterlassen dabei deutlich sichtbare Schleimspuren. Durch ihre Fraßtätigkeit können sie im Garten erhebliche Schäden verursachen.

In erster Linie Nacktschnecken, aber auch die sogenannten Gehäuseschnecken können sehr gefräßig sein. Die Schneckenvermehrung erfolgt durch Eier, die in kleinen Häufchen von 50–70 Stück in die Erde abgelegt werden. Diese weißlich durchscheinenden Eier kann man im Herbst beim Umgraben oft finden. Zur Überwinterung gelangen die Schnecken in allen Altersstufen (Altschnecken, Jungschnecken und auch spät abgelegte Eier). Die im Garten schädigenden Schnecken sind zwittrig, d. h., daß alle Tiere in der Lage sind, Eier abzulegen.

X Zu den schneckenabwehrenden Pflanzen können gezählt werden: Farn, Senf und Kapuzinerkresse. Die natürlichen Feinde der Schnecken sind: Vögel, Igel, Kröten, Spitzmaus, Laufkäfer, Blindschleiche und Eidechse.

X Zur Schneckenvernichtung sind viele »Hausmittelchen« bekannt: So kann man die Tiere ködern, indem man feuchte Tücher oder Holzbretter auslegt, wo sich die feuchtigkeitsliebenden Tiere tagsüber verstecken. Man kann sie dann dort absammeln und vernichten.

Das ebenerdige Eingraben von biergefüllten Joghurtbechern sei hier ebenfalls erwähnt. Werden Kalk, Gesteinsmehl oder Kiefernnadeln um die gefährdeten Pflanzen ausgestreut, so hilft diese Maßnahme nur bei trockenem Wetter. Bedeutend wirksamer ist das Lockstoffgemisch Limagard, das aus natürlichen Pflanzenextrakten und Aethyl-Alkohol besteht. Die Schnecken sterben dadurch schnell und schmerzlos, sie versinken regelrecht in der Fanglösung. Limagard versickert nicht im Boden und wird auch nicht durch Regen verdünnt. Außerdem hat Limagard keine Lockwirkung auf Haustiere, Vögel und Igel und wird von diesen auch nicht aufgenommen.

Natürlich stehen zur Schneckenbekämpfung auch eine Reihe Ködermittel (Schneckenkorn), die im Handel erhältlich sind, zur Verfügung.

Vögel

Bei den Vögeln, soweit es sich um Allesfresser handelt, die pflanzliche Kost (Blätter, Samen und Wurzeln) und tierische Nahrung (Insekten usw.) fressen, spricht man dann von Schädlingen, wenn sie Früchte (Kirschen oder Beeren)

Minierfliegen bei der Befruchtung

Amseln fressen gern Süßkirschen und Beerenobst.

fressen, wie z. B. Stare oder aber die Knospen der Pflanzen zerstören, wie z. B. Sperlinge.
Aber auch in Saatbeeten kann es zu Vogelschäden kommen. Obwohl die Vermehrungsrate bei den Vögeln relativ gering ist (z. B. höchstens 3 Bruten pro Jahr beim Sperling), können größere Schäden dennoch entstehen, da die Vögel die Eigenschaft haben, sich zu größeren Schwärmen zusammenzurotten.
Insgesamt gesehen überwiegt jedoch der Nutzen unserer Vögel weit den möglichen Schäden, die hier und da entstehen können. Die Bekämpfungsmaßnahmen bestehen in erster Linie darin, daß man versucht, durch Fernhalten der Tiere von den Kulturen, die Pflanzen zu schützen. Zum Beispiel durch Spannen von Netzen oder aber Aufstellen von Vogelscheuchen oder Attrappen von Raubvögeln. Auch durch Lärmerzeugung z. B. an Schnüren befestigten Staniolstreifen können hilfreich sein. Allerdings gewöhnen sich die Tiere mit der Zeit daran.
Natürlich ist das bloße Vorhandensein einer Katze ebenfalls äußerst nützlich. Diese Maßnahme ist aber unter den Gartenfreunden höchst umstritten.

Nagetiere

Die Nagetiere sind gekennzeichnet durch ihre typischen Nagezähne, die wurzellos sind und ständig nachwachsen. Alle Nagetiere sind Pflanzenfresser und können daher in Haus und Garten erhebliche Schäden verursachen. Zu den wichtigsten Arten sind zu zählen:

Haus- und Wanderratte

Es handelt sich hier um Vorratsschädlinge und Überträger von Krankheiten. Die Tiere sind Allesfresser und können auch Hühner, Enten und sogar Schweine angreifen.
Zur Bekämpfung ist es erforderlich, daß insbesondere Küchenabfälle sorgfältig beseitigt werden. Neben dem Aufstellen von Fallen, kann auch der Einsatz von Rattenbekämpfungsmittel empfohlen werden, die auf der Basis von Blutgerinnungsmitteln aufgebaut sind.
Im Handel befinden sich Fertigköder, die am besten in einer Rattenfutterkiste ausgelegt werden. Die Rattenfutterkiste kann man sich selbst herstellen. Sie sollte folgende Maße haben: Länge 50 cm, Breite 30 cm, Höhe 20 cm. Wichtig bei der Rattenfutterkiste ist, daß der Ausgang genau gegenüber des Einganges liegt. Beim Ausbringen von Rattenbekämpfungsmitteln müssen die Gebrauchsanweisungen der Vertriebsfirmen unbedingt eingehalten werden.

Wühl- oder Schermaus

Wühlmäuse ernähren sich von Blumenzwiebeln, Wurzeln von Pflanzen (Gemüse, Zierpflanzen, Obstbäume oder Ziersträucher).
Die scheuen Tiere werden meistens erst dann entdeckt, wenn der Schaden bereits entstanden ist. Das Gangsystem der Wühlmaus ist recht umfangreich und besitzt bis zu 10 Aus- bzw. Einschlupflöcher, die nach Benutzung wieder geschlossen werden. Die Wühlmaus wirft bedeutend kleinere Erdhaufen auf als der Maulwurf, der ja als Nützling zu bezeichnen ist, weil er Bodeninsekten vertilgt.
Die Wühlmaus-Bekämpfung beginnt mit dem Aufspüren der Gänge im Boden. Mit einem dünnen Stab oder einem hohen Schuhabsatz kann man die Gänge ausfindig machen. Hat man einen Gang gefunden, ist ein Stückchen davon freizulegen. Dort, wo die Wühlmaus sich aufhält, wird sie bereits nach ca. 15 Minuten darangehen, durch Aufgraben die Öffnung des Ganges wieder zu schließen. Jetzt beginnt dann das eigentliche Abenteuer: Der Fang. Ganz allgemein können heute zur Wühlmaus-Bekämpfung folgende Verfahren empfohlen werden:

Diese Wühlmaus ist in die Falle gegangen.

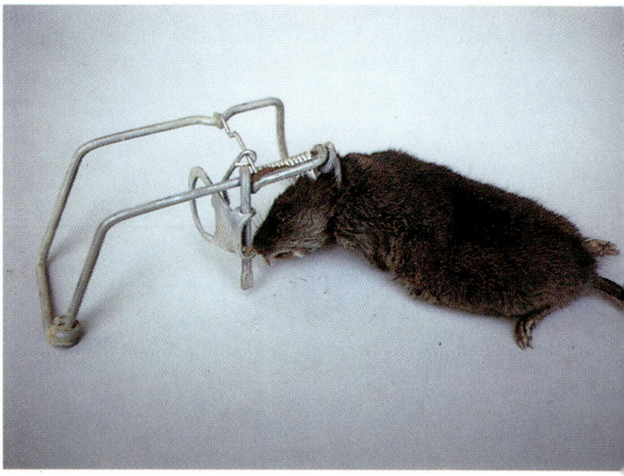

Fallenfang Im Handel befinden sich die unterschiedlichsten Formen von Wühlmausfallen. Man setzt das Fanggerät im Gang ein, der dann wieder möglichst lichtdicht mit Pflanzenmaterial zugedeckt wird. Am besten ist es immer, an mehreren Orten des ausgedehnten Gangsystems die Fallen aufzustellen.
Beim Fallenstellen hat es sich auch bewährt, Gummihandschuhe zu tragen, weil die Tiere sehr geruchsempfindlich sind.

Ködermethoden Die Wirkungsweise der Ködermittel besteht darin, daß an einem von den Tieren gerne angenommenen Futterstoff giftige Substanzen angelagert werden. Die Tiere werden zum Fressen angeregt und nehmen auf diese Art und Weise die für sie tötlichen Giftstoffe auf. Sehr bekannt dabei sind die Präparate, die die Blutgerinnung bei den Tieren hemmen. Diese Köder dürfen jedoch nicht offen ausgelegt werden. Die Gebrauchsanweisung der Herstellerfirmen sind unbedingt zu beachten.

Begasungsmittel Auch hier sind viele Präparate im Handel, die meistens auf der Basis von Phosphorwasserstoff aufgebaut sind. Werden diese Präparate verwendet, ist es ebenfalls notwendig, daß die Gebrauchsanweisungen genauestens beachtet werden, um Schäden bei Mensch und Haustier zu vermeiden.
Unter der Hand bzw. über den Gartenzaun werden die verschiedensten Möglichkeiten der Wühlmaus-Bekämpfung weiterempfohlen, wie z. B.: Die Gänge mit Wasser voll laufen lassen, das Einleiten von Auspuffgasen von Benzinmotoren in das Gangsystem, das Anpflanzen von Knoblauch, der die Tiere von den gefährdeten Pflanzen fernhält.
Die sogenannte Wasser- bzw. Auspuffgasmethode ist umso wirkungsloser, je weiter ausgedehnt die Gangsysteme sind. Die Sache mit dem Knoblauch ist einigermaßen wirkungsvoll. Aber wer möchte in seinem Garten eine Knoblauch-Plantage? Auch Steinklee, Wolfsmilch und Kaiserkronen werden als Mäuse-abweisende Pflanzen genannt. Dabei wird empfohlen, Pflanzenteile davon in die bewohnten Gänge zu legen.
Zu den natürlichen Feinden der Wühlmaus zählen auch die Katzen. Eine entsprechend gut erzogene Katze, die »das Mausen noch nicht läßt« kann wesentlich zur Dezimierung der Wühlmäuse beitragen. Auch Hunde (besonders Terrier) können ebenso als die natürlichen Feinde der Wühlmaus angesehen werden, wie Igel. In Gebieten, die nicht so sehr stadtnah sind, können auch Wiesel und Greifvögel entsprechende Dienste leisten.
Bei der Wühlmaus-Bekämpfung hängt der Erfolg im übrigen davon ab, daß großflächig behandelt wird. Wenn nämlich der eigene Garten wühlmausfrei gemacht worden ist, werden aus der Nachbarschaft in die bereits vorhandenen Gänge immer wieder neue Tiere einwandern.

Feldmaus

Die Feldmaus ernährt sich von Pflanzenwurzeln und Wurzelknollen. Mit ihren ober- oder unterirdischen Gängen durchzieht sie oftmals ganze Rasenflächen. Zur Bekämpfung wird das Auslegen von Giftweizen empfohlen. Vorsicht! Das Auslegen darf niemals offen geschehen. Die Gebrauchsanweisungen der Hersteller- bzw. Vertriebsfirmen sind unbedingt zu beachten.

Hausmaus

Bei der Hausmaus handelt es sich in erster Linie um einen Vorratsschädling, der am besten durch Aufstellen von Mäusefallen gefangen werden kann.

Hasen und Kaninchen

Hasen und Kaninchen, aber auch gelegentlich Eichhörnchen, Siebenschläfer und Baumschläfer können im Garten Schäden anrichten.
Einen wirklich sicheren Schutz gegen Kaninchen bietet einzig und allein ein engmaschiger Zaun, der auf seiner Unterseite in den Boden eingegraben werden muß.
Es können auch einzelne gefährdete Bäume oder Sträucher im Garten mit einem engmaschigen Zaun umgeben werden, der dann aber wenigstens ca. 80 cm hoch sein muß. Die Wildverbißmittel, die im Fachhandel angeboten werden, wirken nur vorübergehend. Das bedeutet, daß die abschreckende Wirkung dieser Produkte im Laufe der Zeit nachläßt und die Behandlung daher des öfteren wiederholt werden muß.

Kaninchenzäune sind nur dann wirksam, wenn sie hoch genug (mindestens 80 cm) angelegt werden. Bei hohem Schnee gelangen die Kaninchen an die ungeschützten Pflanzenteile.

Es läßt sich auch oft beobachten, daß die abschreckende Wirkung der Wildverbißmittel dann nachläßt, wenn die Tiere keine anderen (unbehandelten) Pflanzen zum Fressen vorfinden. Das bedeutet, daß die Kaninchen eher bereit sind Pflanzen, die mit Wildverbißmitteln behandelt worden sind zu fressen, als freiwillig den Hungertod zu sterben.

Maulwurf

Auf der Rasenfläche und im Gemüsebeet kann das Vorhandensein eines Maulwurfs so manchem Gartenfreund die Freude am Garten nehmen. Die Maulwurfshügel erschweren die Arbeit beim Rasenmähen. Im Gemüsebeet ist es ebenfalls das Wühlen, was dazu führt, daß Pflanzen abgerissen werden und eingehen.

Bekanntlich ist der Maulwurf ein Insektenfresser und insofern ein nützlicher Bundesgenosse gegen das große Heer der Insekten. Im Grunde genommen haben wir es also mit einem Nützling zu tun, der nur gelegentlich lästig werden kann.

Seit geraumer Zeit wird der Maulwurf auch in der Bundesrepublik nach der sogenannten Bundesartenschutzverordnung zu den besonders geschützten Arten wildlebender Tiere gezählt. Aus diesem Grunde kann eine Bekämpfung dieser Tiere, sei es durch chemische Präparate oder mit Fallen, nicht mehr empfohlen werden. Dort, wo die Maulwürfe empfindlich stören, bleibt nur noch die Möglichkeit diese Tiere zu vertreiben.

Erfahrene Hobbygärtner haben hier verschiedene Methoden entwickelt. So werden Lappen, die mit einer stark riechenden Substanz (Terpentin) getränkt wurden, in die Maulwurfsgänge gestopft. Es wird auch empfohlen, einen Holzpflock in den Maulwurfshaufen zu schlagen. Dieser Pflock wird mit einem anderen Pflock beim gelegentlichen Vorübergehen immer wieder angeschlagen. Die dadurch entstehenden Geräusche pflanzen sich im Boden fort und vertreiben auf diese Art den Maulwurf. Es wird ebenfalls empfohlen leere Flaschen mit der Öffnung nach oben in das Gangsystem so tief einzugraben, daß der Flaschenhals nur noch etwa 5–10 cm aus dem Boden herausragt. Der über den offenen Flaschenhals hinweg streifende Wind erzeugt ebenfalls Geräusche, die die Maulwürfe vertreiben.

Außerdem sind Präparate zur Vergrämung der Maulwürfe im Handel, die in den Boden gelegt werden.

Gebrauchsanleitung für den Tabellenteil

Zur besseren Übersicht werden die Schadsymptome der Krankheiten und Schädlinge unterteilt nach ihrem Vorkommen an Gemüse, Obst und Zierpflanzen und tabellarisch aufgeführt. Vor jeder Pflanzenart werden dort, wo dies im Sinne einer Vorbeugung sinnvoll erscheint, allgemeine Hinweise zur Kultur angegeben.
Des weiteren wird berücksichtigt, ob die Schäden in erster Linie an den Wurzeln, an den Stamm- oder Stengelteilen, den Blättern, den Blüten oder an den Früchten zu beobachten sind.
Den Schadsymptomen wird die mögliche Schadensursache direkt gegenübergestellt, wobei für die Benutzer des Buches, die sich noch mehr Informationen wünschen, auf die Kapitel hingewiesen wird, in denen die Biologie und Lebensweise der Krankheiten und Schädlinge etwas genauer beleuchtet werden. In der letzten Spalte der Tabelle werden dann die geeigneten Bekämpfungsmaßnahmen angegeben. Es sind verschiedene gleichermaßen anwendbare Präparate zur Auswahl aufgeführt. Aus der Vielzahl der im Handel befindlichen Produkte wurden zuerst die berücksichtigt, die weniger giftig für den Anwender und bienenungefährlich sind. Natürlich spielt dabei auch die jeweilige Zulassung durch die biologische Bundesanstalt für Land- und Forstwirtschaft eine entscheidende Rolle. Die genannten Präparate sind in der Übersicht auf S. 176 noch einmal mit ihren Eigenschaften und Wirkungen aufgeführt. Auch unter den aufgeführten Produkten sollten die nicht-bienengefährlichen mit kurzer Wartezeit, die in keiner Gefahrenklasse eingeteilt sind, den anderen nach Möglichkeit vorgezogen werden. Am besten verzichtet man, wenn es irgendwie möglich ist, ganz auf eine chemische Behandlung und versucht, zuerst einmal die Pflanzen mit den mechanischen Methoden, wie z. B. Schnitt usw., zu heilen. Gerade im Hausgarten, der ja keine Supererträge und Gewinne abzuwerfen braucht, sollte man sich genau überlegen, ob eine chemische Behandlung wirklich nötig ist – jedes Präparat, und sei es noch so »biologisch«, trägt seinen Teil zur Umweltbelastung und zur Zerstörung der Ökosysteme bei.

Anwendungskonzentration (g/l; ml/l; g/m^2)

Als erstes nach dem Präparatnamen ist die Anwendungskonzentration aufgeführt – sie bezieht sich auf Wasser, also: »1 ml/l« bedeutet z. B., 1 ml des Präparates wird in 1 Liter Wasser gegeben, bei pulverförmigen oder festen Mitteln werden die angegebenen Gramm in einem Liter Wasser verdünnt. Soll das Präparat direkt ausgestreut werden, bedeutet z. B. 2 g/m^2, daß 2 g des Präparates gleichmäßig auf 1 m^2 Bodenfläche verstreut werden.

Kleine Umrechnungstabelle zum Ansetzen von Spritzbrühen

Liter Wasser	0,035 %	0,05 %	0,075 %	0,1 %	0,15 %	0,2 %
1	0,35*	0,5	0,75	1,0	1,5	2,0
2	0,7	1,0	1,5	2,0	3,0	4,0
3	1,05	1,5	2,25	3,0	4,5	6,0
4	1,4	2,0	3,0	4,0	6,0	8,0
5	1,75	2,5	3,75	5,0	7,5	10,0

* Alle Angaben in ml, cm^3 bzw. g.

Bienenschutz (B)

Viele Pflanzenschutzmittel sind auch für Bienen gefährlich. Bei der Anwendung dieser Mittel ist die Verordnung zum Schutz der Bienen vor Gefahren durch Pflanzenschutzmittel (Bienenschutzverordnung) von 19. Dezember 1972 (BGBl. I S. 2515) zu beachten. Auf den Packungen und in der Gebrauchsanweisung sind die bienengefährlichen Pflanzenschutzmittel besonders gekennzeichnet. Es bedeuten:

B 1 Bienengefährlich. Diese Mittel dürfen nicht auf blühende Pflanzen ausgebracht werden. Zu »blühenden Pflanzen« gehören auch blühende Unkräuter.

B 4 Nicht bienengefährlich aufgrund einer amtlichen Prüfung bzw. aufgrund der derzeitigen Beurteilung der chemischen Zusammensetzung hinsichtlich der Wirkung auf Bienen.

Wartezeiten (Wz)

Die Wartezeiten sind zwischen letzter Anwendung eines Pflanzenbehandlungsmittels mit dem/den genannten Wirkstoff(en) und der Ernte bzw. frühestmöglicher Nutzung des Erntegutes einzuhalten. Sie werden zum Schutze der Gesundheit von Mensch und Tier festgelegt. Die Länge der Wartezeit gestattet keinen unmittelbaren Rückschluß auf die Bedenklichkeit des angeführten Stoffes.
Die Wartezeiten werden von der Biologischen Bundesanstalt unter Verwendung der zur Verfügung stehenden Unterlagen und Informationen erstellt: sie gelten für die bei der Zulassung vorgesehenen Anwendungsgebiete.
Die angegebenen Wartezeiten beziehen sich hier auf »Tage«, z. B. Wz 3 bedeutet, zwischen der letzten Anwendung des Mittels und der Ernte sollten mindestens 3 Tage vergehen.

Wasserschutz (W)

W 1 Keine Anwendung, Lagerung oder sonstiger Umgang mit Präparat oder Behandlungsflüssigkeit in Zuflußbereichen (Einzugsgebieten) von Grund- und Quellwassergewinnungsanlagen bzw. Trinkwassertalsperren.

W 2 Die Anwendung, Lagerung oder sonstiger Umgang mit Präparat oder Behandlungsflüssigkeit in Zuflußbereichen (Einzugsgebieten) von Grund- und Quellwassergewinnungsanlagen ist nur auf Flächen erlaubt, von denen die Fließzeit des Wassers bis zur Fassungsanlage – nach Auskunft der zuständigen Wasserbehörde – mehr als 50 Tage beträgt, d. h. bei Wasserschutzgebieten, die von den nach Landesrecht zuständigen Behörden nach den vom Deutschen Verein des Gas- und Wasserfaches e. V., Eschborn, aufgestellten Richtlinien für Trinkwasserschutzgebiete in Schutzzonen unterteilt sind, ist die Anwendung nur in Zone III zulässig. In Zuflußbereichen von Trinkwasser**talsperren** ist die Anwendung grundsätzlich nicht erlaubt.

W 3 In Zuflußbereichen (Einzugsgebieten) von Grund- und Quellwassergewinnungsanlagen ist die Durchführung des Tauchvorgangs nur auf Flächen erlaubt, von denen die Fließzeit des Wassers bis zur Fassungsanlage – nach Auskunft der zuständigen Wasserbehörde – mehr als 50 Tage beträgt; d. h. bei Wasserschutzgebieten, die von den nach Landesrecht zuständigen Behörden nach den vom Deutschen Verein des Gas- und Wasserfaches e. V., Eschborn, aufgestellten Richtlinien für Trinkwasserschutzgebiete in Schutzzonen unterteilt sind, ist die Anwendung nur in Zone III zulässig. Die behandelten Pflanzen können jedoch in der Zone II von Wasserschutzgebieten bzw. auf den dieser Zone entsprechenden Flächen anderer Einzugsgebiete von Grundwassergewinnungsanlagen ausgepflanzt werden. In Zuflußbereichen von Trinkwasser**talsperren** ist die Anwendung grundsätzlich nicht erlaubt.

Wenn in den Tabellen kein »W« angegeben ist, so unterliegt das Mittel keinen Bestimmungen bezüglich des Wasserschutzes, es wird in dieser Hinsicht als ungefährlich eingestuft.

Gefahrenklassen

Die überwiegende Anzahl der in diesem Buch aufgeführten Pflanzenschutzmittel ist in keiner Gefahrenklasse aufgeführt.

Neue Gefahrensymbole und -bezeichnungen

T

Giftig

Gefahrenbezeichnung T:
giftige Stoffe

C

Ätzend

Gefahrenbezeichnung C:
ätzende Stoffe

Xn

Gesundheitsschädlich

Gefahrenbezeichnung Xn:
gesundheitsschädliche Stoffe

Xi

Reizend

Gefahrenbezeichnung Xi:
reizende Stoffe

Bedeutung der Symbole

 Keimlinge, Jungpflanzen

 Gesamte Pflanze

 Unterirdische Pflanzenteile, Wurzeln

 Zwiebeln oder Knollen und Rüben

 Rinde, auch Stamm oder Strunk

 Äste, Zweige, Stengel

 Blätter bzw. Nadeln

 Blüten, Blütenstände

 Früchte, Samen, Fruchtstände

Obst

Allgemein an Obst verbreitete Krankheiten und Schädlinge

In folgender Tabelle sind die Krankheiten und Schädlinge aufgeführt, die an allen oder doch an den meisten Obstbäumen auftreten können. Artspezifische Schaderreger finden Sie unter den jeweiligen Kulturen.

Schadbild	Ursache	Abwehr
Zweige sterben ab, welkende Blätter bleiben noch längere Zeit hängen. Nach jahrelangem Kränkeln sterben die Pflanzen. Unter der Rinde, nahe der Bodenoberfäche, weißliche Pilzgeflechte.	Hallimasch, *Armillaria mellea* u. a. Pilzkrankheit S. 26	Keine Bekämpfungsmöglichkeiten. Befallene Bäume samt Wurzeln entfernen.
Geschwülste faustdick, oft blumenkohlartig, an den Wurzeln junger Bäume, die kümmern und schließlich eingehen. Die »Kröpfe« können sich auch am Wurzelhals bilden.	Wurzelkropf, *Agrobacterium tumefaciens* Bakteriose S. 26	Mit chemischen Pflanzenschutzmitteln ist eine Bekämpfung nicht möglich.
Jüngere Bäume sitzen oft nur noch locker im Boden. Hauptwurzeln benagt oder durchgefressen. Bäume bleiben in ihrer Entwicklung zurück und sterben ab.	Wühl- oder Schermaus Tierischer Schädling S. 38	Aufstellen von Fallen, Auslegen von Ködern (niemals offen auslegen), Anwendung von Begasungsmitteln. Gebrauchsanweisungen genau beachten!
Fruchtkörper an Stamm und Ästen, z. T. handtellergroß von verschiedenen Baumpilzen.	Baumschwämme, verschiedene Arten Pilzkrankheit S. 26	Befallene Bäume können nicht mehr gerettet werden. Fruchtkörper rechtzeitig, d. h. vor der Sporenbildung, entfernen und vernichten.

Baumschwamm (Fruchtkörper)

Hallimasch (weißliches Pilzgeflecht im Holz)

Gespinstmotte an Apfelblättern

Schaden durch die Obstbaumminiermotte

Schadbild	Ursache	Abwehr
Zahlreiche Bohrlöcher, die tief ins Holz hineinreichen, manchmal auch nur zwischen Rinde und Holz.	Borkenkäfer Tierischer Schädling S. 34	Sind erst wenige Bohrlöcher vorhanden, kann man nach der Ernte in diese: Ekamet, 1 ml/l, W 2, B 1, Wz 0, mit einer Injektionsspritze eingespritzt werden. Befallene Bäume leiden oft auch unter Gummifluß.
Im Frühjahr auf der Südseite aufgeplatzte Rinde.	Frostschaden: Hohe Temperaturunterschiede zwischen Nord- und Südseite des Stammes führen zu Frostrissen oder Frostplatten.	Kalkanstrich: 3 kg Löschkalk + 250 g Kaseinpuder auf 10 Liter Wasser, zu streichfähiger Masse verrühren; »Bio-Baumanstrich« (im Handel erhältlich).
Zweige und Blätter mit dichtem Gespinst überzogen. Graugelbe Räupchen. Blätter: Skelettierfraß.	Gespinstmotte Tierischer Schädling S. 35	Befallene Triebe ausschneiden.
Geschlängelte Gangminen in den Blättern.	Larven der Obstbaumminiermotte Tierischer Schädling S. 35	Bekämpfung mit chemischen Pflanzenschutzmitteln nicht erforderlich.
Blätter von der Spitze her gelblich oder weiß verfärbt. Die Blattadern bleiben grün.	Eisenmangel (Chlorose)	Boden auf Nährstoffzusammensetzung untersuchen lassen.
Silbrige bzw. milchig glänzende Verfärbung der Blätter, beginnend an einzelnen Zweigen, später auf den ganzen Baum übergreifend.	Bleiglanz, *Stereum purpureum* Pilzkrankheit S. 26	Bekämpfung mit chemischen Pflanzenschutzmitteln nicht möglich.

Oben: Eisenmangel (Chlorose)
Unten: *Monilia*-Fruchtfäule bei Kirschen

Oben: Bleiglanz
Unten: *Monilia*-Fruchtfäule (Mohrenköpfe)

Schadbild	Ursache	Abwehr
Braune Faulstellen an reifenden Früchten, die schnell größer werden. Im weiteren Verlauf weißlichgraue und gelblichbraune Pusteln in konzentrischer Anordnung. Bei Kernobst kann die Polsterbildung auch fehlen (Lagerfäule). Die Früchte, die nach innen faulen, werden außen schwarz (Mohrenköpfe).	Monilia-Fruchtfäule, *Monilia frutigena* Pilzkrankheit S. 26	Bekämpfung mit chemischen Pflanzenschutzmitteln nicht möglich. Ausdünnen bei zu dichtem Fruchtbehang. Fruchtmumien entfernen.

Apfel

Standort: Offene Lage, sonnig.
Boden: Tiefgründig locker. Leicht sauer (pH 5,5–6,5). Leichte und auch schwere Böden sind ungeeignet.
Pflanzung: In der Zeit von Oktober bis November, aber auch im März möglich. In kleineren Gärten pflanzt man Spindelbüsche. Buschbäume werden in mittelgroßen Gärten gepflanzt.
Befruchtung: Bei Äpfeln gibt es gute und schlechte Pollenspender. Die einzelnen Apfelsorten sind mit sich selber unfruchtbar. Für einen guten Fruchtansatz müssen daher in der Nähe eines Apfelbaumes weitere Exemplare stehen. Nur so ist eine Kreuzbestäubung gesichert.

Schadbild	Ursache	Abwehr
 Krebsartige Wucherungen an Stamm und Zweigen, wobei die Pflanzenteile oberhalb der Befallsstelle absterben können.	Obstbaumkrebs, *Nectria galligena* Pilzkrankheit S. 26	Besonders an Verletzungen: Rindenrisse, Schnittstellen, auch Blattnarben. Pflegen der entstandenen Wunden mit Wundpflegemitteln. Bereits befallene Äste und Zweige bis ins gesunde Holz zurückschneiden, auch hier Wundpflegemittel verwenden. Nach Blattfall und bei Austrieb spritzen mit: Grünkupferpräparat, 5 g/l, B 4, Wz 0.
Rinde geht zumeist oberhalb der Veredelungsstelle in Fäulnis über. Das kranke Gewebe trocknet später ein. Möglicherweise vergilbt das Laub und fällt vorzeitig ab.	Kragenfäule, *Phytophthora cactorum* Pilzkrankheit S. 26	Bekämpfung mit chemischen Pflanzenschutzmitteln nicht möglich.

Blutlauskrebs

Obstbaumkrebs

Apfelmehltau – links befallen, rechter Trieb gesund

Schadbild	Ursache	Abwehr
In den Wintermonaten Rinde abgefressen.	Kaninchenfraß Tierischer Schädling S. 38	Gefährdete Pflanzen mit einem engmaschigen Zaun umgeben, der ca. 80 cm hoch sein muß. Zur Einzelpflanzenbehandlung: A Aprotect, 20 ml/l, Xn, B 4, Wz 0 oder Wildverbißschutzspray »Schacht«, B 4, Wz 0.
Dicker, weißflockiger Belag, auf Ästen und Zweigen, unter dem sich massenhaft Läuse befinden, die sich beim Zerdrücken rot verfärben. Junge Triebe, ungepflegte Wunden und Krebsstellen besonders befallen. Später knotenartige Wucherungen am Holz, ähnlich wie Obstbaumkrebs.	Blutlaus Tierischer Schädling S. 30	Blattlaus Vernichter Nexion, 1 ml/l, Xn, Wz 28, B 1; Ende Mai/Anfang Juni behandeln: Befallene Zweige oder auch Wundstellen ausschneiden. Befallsherde bepinseln mit Spiritus plus Schmierseife.
Blätter schon kurz nach dem Austrieb an den Triebspitzen mit weißlich-mehligem Belag. Befallene Blätter stehen auffällig steil, rollen sich ein, werden braun und fallen ab. Manchmal können auch Blütenblätter befallen sein.	Apfelmehltau, *Podosphaera leucotricha* Pilzkrankheit S. 26	Netzschwefel, vor der Blüte: 7 g/l, B 4, Wz 7; zur Blüte: 5 g/l, B 4, Wz 7; nach der Blüte: 2 g/l, B 4, Wz 7; Saprol, 1,25 ml/l, B 4, Wz 14; Oft reicht es aus, die befallenen Triebe auszuschneiden.
Gelblich verfärbt, gekräuselt und vertrocknet. Unterseits mehlige Blattläuse.	Mehlige Apfelblattlaus Tierischer Schädling S. 30	Croneton 100, 5 ml/l, B 1, Wz 4; Ekamet, 1 ml/l, W 2, B 1, Wz 14; Spruzit flüssig, 1 ml/l, B 4, Wz 2; Schädlingsfrei Parexan, 1 ml/l, B 4, Wz 2; Rotenol-Emulsion, 1 ml/l, B 4, Wz 2.

Schadbild	Ursache	Abwehr
Blätter stark gekräuselt und auch eingerollt mit grünen Blattläusen. Triebe können gestaucht sein.	Grüne Apfelblattlaus Tierischer Schädling S. 30	Ekamet, 1 ml/l, B 1, Wz 14; Spruzit flüssig, 1 ml/l, B 4, Wz 2; Schädlingsfrei Parexan, 1 ml/l, B 4, Wz 2; Rotenol-Emulsion, 1 ml/l, B 4, Wz 2; Brennessel-Brühe: s. S. 19, Schmierseifen-Brühe: s. S. 19; Befallene Triebe ausschneiden.
Oberseits blasig aufgetriebene Blätter, Oberhaut läßt sich abheben. Unterseits Risse.	Frostblasen, die im Frühjahr bei Temperaturen um 0 °C entstehen können.	Keine Abwehr möglich.
Blatt ist oberseits durch kleine, weißliche Saugstellen hell gesprenkelt. Unterseits kleine Milben.	Spinnmilben Tierischer Schädling S. 28	Spruzit flüssig, 1 ml/l, B 4, Wz 3; Schädlingsfrei Parexan, 1 ml/l, B 4, Wz 3; Rotenol-Emulsion, 1 ml/l, B 4, Wz 3.
Mosaikartige farbliche Veränderungen an den Blättern.	Mosaik Virose S. 25	Bekämpfung mit Pflanzenschutzmitteln nicht möglich.
Blätter entfalten sich nicht richtig, sind zusammengesponnen und bleiben schuppenförmig geschlossen.	Räupchen des Grauen oder Roten Knospenwicklers Tierischer Schädling S. 35	Bekämpfung mit chemischen Pflanzenschutzmitteln nicht erforderlich.
Blatt- und Blütenknospen. Fraßschäden an den sich entfaltenden Blättchen, kann je nach Befallsstärke zu Kahlfraß führen.	Raupen des Goldafters Tierischer Schädling S. 35	Neudorff's-Raupenspritzmittel, 1 g/l, B 4, W 2, Wz 0; Ekamet, 1 ml/l, W 2, B 1, Wz 14; Spruzit flüssig, 1 ml/l, B 4, Wz 3; Schädlingsfrei Parexan, 1 ml/l, B 4, Wz 3; Rotenol-Emulsion, 1 ml/l, B 4, Wz 3.
Lochfraß an den Blättern. Bei noch grünen Äpfeln »Löffelfraß«. Blütenknospen ausgefressen, Blüten zusammengesponnen.	Raupen des Kleinen und/oder Großen Frostspanners. (Typische Fortbewegung bei beiden: Katzenbuckel) Tierischer Schädling S. 35	Neudorff's-Raupenspritzmittel, 1 g/l, B 4, W 2, Wz 0; Ekamet, 1 ml/l, W 2, B 1, Wz 14; Spruzit flüssig, 1 ml/l, B 4, Wz 3; Schädlingsfrei Parexan, 1 ml/l, B 4, Wz 3; Rotenol Emulsion, 1 ml/l, B 4, Wz 3. Leimringe s. S. 54.
Im Frühjahr entfalten sich Blatt- und Blütenknospen nicht richtig. Sie sind vielmals verklebt durch Honigtau, auf dem sich später Rußtaupilze ansiedeln. Kein oder nur schwacher Fruchtansatz.	Frühjahrs-Apfelblattsauger Tierischer Schädling S. 35	Bekämpfung mit chemischen Pflanzenschutzmitteln nicht erforderlich.

Kernobst

Schorf (Blattbefall)

Schorf (Fruchtbefall)

Schadbild	Ursache	Abwehr
Blüten öffnen sich nicht, werden rotbraun und vertrocknen, inneres von gelblichweißen Raupen ausgefressen.	Apfelblütenstecher Tierischer Schädling S. 35	Bekämpfung mit chemischen Pflanzenschutzmitteln nicht erforderlich.
Bereits kurz nach der Blüte an den Blättern braungraue, samtige, sich stark vergrößernde Blattflecken. Befallene Blätter sterben vorzeitig ab. Früchte mit zahlreichen rundlichen, braunen Flecken, später rissig.	Apfelschorf *Venturia inaequalis* = *Fusicladium dendriticum* Pilzkrankheit S. 26	Euparen, 1,5 g/l, B 4, Wz 7; Dithane Ultra, 2 g/l, B 4, Wz 28; Antracol, 1,5 g/l, B 4, Wz 14; Pomarsol forte, 2 g/l, Xi, B 4, Wz 10; Saprol, 1,25 ml/l, B 4, Wz 14. Baumkronen durch Schnittmaßnahmen im Frühjahr auslichten. Abgefallenes Laub entfernen.
Junge Früchte fallen ab und zwar ohne Bohrloch.	Juni-Fruchtfall (physiologische Störung)	Pflanzen ausreichend düngen und entsprechend den klimatischen Gegebenheiten wässern.
Junge Früchte mit Rissen.	Turgorspannungen	Auf ausgeglichene Wasserversorgung achten!

Schadbild	Ursache	Abwehr
Junge Früchte fallen ab, mit Bohrloch, das mit krümeligen, braunen Kot gefüllt ist. Im Innern der Früchte weißliche Raupen mit braunem Kopf. Befallene Früchte oft stärker gefärbt.	Obstmade = Apfelwickler Tierischer Schädling S. 35	Blattlaus-Vernichter Nexion, 2 ml/l, B 1, Wz 35; Ekamet, 1 ml/l, B 1, Wz 14; Spruzit flüssig, 1 ml/l, B 4, Wz 3; Schädlingsfrei Parexan, 1 ml/l, B 4, Wz 3; Rotenol-Emulsion, 1 ml/l, B 4, Wz 3; Behandlungszeitpunkt: 5–7 Wochen nach der Blüte 2–3 mal jeweils im wöchentlichen Abstand. Vorzeitig abgefallenes Obst aufsammeln. Ab August 20 cm vom Boden entfernt am Stamm Wellkarton-Fanggürtel anbringen, die dort sich versteckenden Raupen vernichten.

Schaden, verursacht durch die Obstmade, auch Apfelwickler genannt

Einschlagstellen mit offenen Wunden.	Hagelschaden.	—
Haut der Früchte flach eingedellt. Im Fruchtfleisch darunter nesterweise braunverfärbtes Gewebe.	Stippigkeit (physiologische Störung)	Mögliche Auslösefaktoren: Schwankungen von Temperatur und Niederschlägen, besonders zu Beginn der Fruchtreife. Humusarme Böden mit schlechtem Wasserabzug. Einseitige Düngung mit Stickstoff und Kali fördert, Phosphorsäure und Spritzen mit Calziumsalzen während der Fruchtreife hemmen die Stippigkeit. Starker Rückschnitt bringt größere Früchte, die dann wieder anfälliger sind. Späte Ernte und sofortiges kühles Einlagern wirkt entgegen.
Früchte faulen auf dem Lager. Von Verletzungen ausgehend, kann die Fäule auch auf gesundes Obst übergehen.	Lagerfäule, *Penicillium*-Pilze Pilzkrankheit S. 26	Chemische Bekämpfung nicht möglich. Kontrollieren und Aussortieren kranker Äpfel.

Weitere Krankheiten und Schädlinge siehe S. 44–46: Fruchtmonilia, Obstbaumminiermotte, Gespinstmotte, Hallimasch, Wurzelkropf, Wühlmaus.

Kernobst

Birne

Standort: Sonnige Lage, Birnen lieben Wärme.
Boden: Tiefgründig und locker. Die Birne besitzt eine Pfahlwurzel.
Pflanzung: In der Zeit von Oktober bis November, aber auch im März. In kleineren Gärten pflanzt man Spindelbuschformen. Pflanzabstand je nach Unterlage 3–5 m (bei Quittenunterlage: 3 m).
Befruchtung: Da die Birnen genau wie die Äpfel schlechte Pollenspender sind und die einzelnen Birnensorten sich selber nicht befruchten können, müssen in der Nähe eines Birnbaumes weitere Exemplare stehen. Nur so ist eine Kreuzbestäubung gesichert, was wiederum zu einem guten Fruchtansatz führt.

Schadbild	Ursache	Abwehr
Krebsartige Wucherungen an Stamm und Zweigen, wobei die Pflanzenteile oberhalb der Befallsstelle absterben können.	Obstbaumkrebs, *Nectria galligena* Pilzkrankheit S. 26	Besonders an Verletzungen, Rindenrissen, Schnittstellen, auch Blattnarben: Pflegen der entstandenen Wunden mit Wundpflegemitteln. Bereits befallene Äste und Zweige bis ins gesunde Holz zurückschneiden, auch hier Wundpflegemittel verwenden. Nach Blattfall und bei Austrieb spritzen mit: Grünkupferpräparat, 5 g/l, B 4, Wz 0.
Unregelmäßige Anschwellungen an Zweigen und Ästen, die aufplatzen können und bei denen auch die Rinde abblättert. Gelegentlich in den Wunden schwarzbraune Pilzsporen.	Schorf, Schorfgrind, *Venturia pirina* Pilzkrankheit S. 26	Siehe Birnenschorf. Befallene Äste ausschneiden und mit Wundpflegemittel behandeln.
Blatt oberseits durch kleine, helle Saugstellen, weißlich gesprenkelt; unterseits kleine Milben.	Spinnmilben Tierischer Schädling S. 28	Spruzit flüssig, 1 ml/l, B 4, Wz 3; Schädlingsfrei Parexan, 1 ml/l, B 4, Wz 3; Rotenol-Emulsion, 1 ml/l, B 4, Wz 3.
Blattoberseits braunschwarze Erhebungen; unterseits zunächst rötliche, später schwarze Pocken. Blätter mißgebildet.	Birnenpockenmilbe Tierischer Schädling S. 28	Bei Austriebsbeginn 2–3 mal, jeweils im wöchentlichen Abstand behandeln mit: Beosit 35 flüssig, 1 ml/l, Xn, B 4, Wz 21.
Blattoberseits größere, leuchtend orangegelb verfärbte Flecken. Blattunterseits Pusteln, die später aufreißen und aus denen gelbliche Sporenmassen austreten.	Birnengitterrost, *Gymnosporangium sabinae* Pilzkrankheit S. 26	Keine Bekämpfung mit chemischen Pflanzenschutzmitteln erforderlich. Sadebaum *(Juniperus sabina)* als Zwischenwirt entfernen. Spritzung gegen Birnenschorf wirkt befallsmindernd.

Schorfgrind

Birnengitterrost

	Schadbild	Ursache	Abwehr
(Blatt-Symbol)	Im späten Frühjahr junge Blätter stark gekräuselt. Bei stärkerem Befall Schwarzverfärbung und Absterben der Blätter samt Trieb.	Birnenblattsauger Tierischer Schädling S. 34	Bekämpfung mit chemischen Pflanzenschutzmitteln nicht erforderlich.
	Mosaikartige farbliche Veränderungen.	Mosaik Virose S. 25	Eine Bekämpfung mit chemischen Pflanzenschutzmitteln ist nicht möglich.
	Blätter entfalten sich nicht richtig, sind zusammengesponnen und bleiben schuppenförmig geschlossen.	Räupchen des Grauen oder Roten Knospenwicklers Tierischer Schädling S. 35	Bekämpfung mit chemischen Pflanzenschutzmitteln nicht erforderlich.
	Blätter und Triebspitzen verfärben sich erst braun, später schwarz. Triebspitzen U-förmig gebogen. Befallene Pflanzen sehen aus wie verbrannt!	Feuerbrand, *Erwinia amylovora* Bakteriose S. 26	Krankheit ist meldepflichtig! Befallene Pflanzen müssen sofort entfernt werden!
(Blüten-Symbol)	Blüten öffnen sich nicht, werden rotbraun und vertrocknen. Inneres der Blüte von gelblichweißen Raupen ausgefressen.	Apfelblütenstecher Tierischer Schädling S. 35	Bekämpfung mit chemischen Pflanzenschutzmitteln nicht erforderlich.

Kernobst

Frostspannerraupe; »Katzenbuckel-Fortbewegung«

Birnengallmücke, der Legestachel ist deutlich sichtbar.

Schadbild	Ursache	Abwehr
Lochfraß an den Blättern. Bei noch jungen Früchten »Löffelfraß«. Blütenknospen ausgefressen, Blüten zusammengesponnen.	Raupen des Kleinen und/oder Großen Frostspanners. Beide Raupenarten machen bei ihrer Fortbewegung den typischen Katzenbuckel. Tierischer Schädling S. 35	Neudorff's-Raupenspritzmittel, 1 ml/l, B 4, W 2, Wz 0; Blattlaus-Vernichter Nexion, 1 ml/l, B 1, Wz 35; Ekamet, 1 ml/l, W 2, B 1, Wz 14; Spruzit flüssig, 1 ml/l, B 4, Wz 2; Schädlingsfrei Parexan, 1 ml/l, B 4, Wz 2; Rotenol-Emulsion, 1 ml/l, B 4, Wz 2. Leimringe im September anbringen, im Februar wieder abnehmen. Stamm unterhalb des Leimringes mit einer Wurzelbürste gründlich reinigen.
Bereits kurz nach der Blüte an den Blättern braungraue, samtige, sich vergrößernde Blattflecken. Befallene Blätter sterben vorzeitig ab. Früchte mit zahlreichen rundlichen, braunen Flecken, später rissig.	Birnenschorf, *Venturia pirina* = *Fusicladium pirinum* Pilzkrankheit S. 26	Euparen, 1,5 g/l, B 4, Wz 7; Dithane Ultra, 2 g/l, B 4, Wz 28; Antracol, 1,5 g/l, B 4, Wz 14; Pomarsol forte, 2 g/l, B 4, Wz 10; Saprol, 1,25 ml/l, B 4, Wz 14. Baumkronen durch Schnittmaßnahmen im Frühjahr auslichten. Abgefallenes Laub entfernen.
Junge Früchte deformiert, färben sich schwarz und sterben ab. Beim Durchschneiden im Inneren weißlichgelbe Maden sichtbar.	Birnengallmücke Tierischer Schädling S. 36	Beosit 35 flüssig, 1 ml/l, Xn, B 4, Wz 21. Befallene Früchte kurz nach der Blüte abpflücken.

Schäden durch Birnengallmücke; verschiedene Befallsstadien, ganz links gesund

	Schadbild	Ursache	Abwehr
(Symbol)	Junge Früchte fallen ab, mit Bohrloch, das mit krümeligem braunen Kot gefüllt ist. Im Inneren der Früchte weißliche Raupe mit braunem Kopf. Befallene Früchte oft stärker gefärbt.	Obstmade = Apfelwickler Tierischer Schädling S. 35	Blattlaus-Vernichter Nexion, 2 ml/l, B 1, Wz 35; Ekamet, 1 ml/l, W 2, B 1, Wz 14; Spruzit flüssig, 1 ml/l, B 4, Wz 2; Schädlingsfrei Parexan, 1 ml/l, B 4, Wz 2; Rotenol-Emulsion, 1 ml/l, B 4, Wz 2; Behandlungszeitpunkt: 5–7 Wochen nach der Blüte, 2–3 mal jeweils im wöchentlichen Abstand. Vorzeitig abgefallenes Obst aufsammeln. Ab August 20 cm vom Boden entfernt am Stamm Wellkarton-Fanggürtel anbringen, die dort sich versteckenden Raupen vernichten.
	Reife Früchte mit Insektenfraß, in der Folge Pilzbefall.	Wespen Tierischer Schädling S. 35	Im Mai die überwinterten Königinnen vernichten. Enghalsige Flaschen aufhängen, die mit etwas Essigwasser angefüllt sind. Keine süßen Säfte, da sonst die Bienen angelockt werden.

Weitere Krankheiten und Schädlinge siehe S. 44–46: Bleiglanz, Fruchtmonilia, Hallimasch, Wurzelkropf, Wühlmaus; Steinfrüchtigkeit S. 56.

Wintereier der Roten Spinne

Blattbräune bei Quitte

Quitte

Standort: Volle Sonne, Quitten lieben Wärme und sind frostempfindlich. Weinbauklima ist besonders günstig.
Boden: Sandige, lockere Böden.
Pflanzzeit: In der Zeit von Oktober bis November, aber auch im März.
Befruchtung: Quitten sind Selbstbefruchter. Das bedeutet, daß zu einer ausreichenden Befruchtung kein zweiter Quittenbaum erforderlich ist.

Schadbild	Ursache	Abwehr
Gelblichgrüne Blattflecken, die auch braun werden können. Früchte eingedellt oder mit Buckelbildung. Im Fruchtfleisch unter der Haut stippige, braune, verhärtete Flecken.	Steinfrüchtigkeit Virose S. 25	Mit chemischen Pflanzenschutzmitteln nicht möglich.
Blätter und Früchte mit schwarzbraunen Flecken versehen, vorzeitiger Blattfall möglich.	Blattbräune, *Stigmatea mespili* = *Entomosporium maculatum* Pilzkrankheit S. 26	Keine Bekämpfungsmöglichkeiten. Befallene Äste ausschneiden.

Weitere Krankheiten und Schädlinge siehe S. 46: Fruchtmonilia.

Aprikose

Standort: Warm und windgeschützt. Sehr geeignet vor einer Südost- oder Ostwand.
Boden: Humusreich, tiefgründig und kalkhaltig.
Pflanzung: In der Zeit von Oktober bis November.
Befruchtung: Aprikosen sind mit sich selbst fruchtbar, das bedeutet, ein weiterer Pollenspender ist nicht erforderlich.
Klima: Da Aprikosen bereits im Monat März blühen, sind sie sehr nachtfrostgefährdet. Weinbauklima ist daher ideale Voraussetzung für das Gedeihen der Bäume.

Schadbild	Ursache	Abwehr
Eingesunkene, absterbende Stellen an der Rinde, die später aufplatzt. Gummifluß setzt ein. Befallene Stämme und Äste sterben ab. Blätter mit durchscheinenden Flecken, später bräunlich verfärbt. Gewebe stirbt ab und fällt heraus: runde Löcher in den Blättern.	Bakterienbrand, *Pseudomonas mors prunorum* Bakteriose S. 26	Bekämpfung mit chemischen Pflanzenschutzmitteln nicht möglich. Befallene Äste sorgfältig ausschneiden.
Blätter welken und vertrocknen. Gummifluß tritt aus. Innerhalb kurzer Zeit stirbt der ganze Baum.	Apoplexie (physiologische Störung). Ursachen unbekannt, wahrscheinlich durch extreme Witterung.	Keine Bekämpfungsmaßnahmen möglich.
Früchte zumeist einseitig mit kleinen, braunen, eingesunkenen Flecken mit rotem Rand.	Schrotschußkrankheit, *Clasterosporium carpophilum* Pilzkrankheit S. 26	Grünkupferpräparat, 5 g/l, B 4, Wz 0, bei Austrieb und im Herbst beim Blattfall. Abgefallenes Laub entfernen. Befallene Triebe ausschneiden.

Weitere Krankheiten und Schädlinge siehe S. 44–46: Bleiglanz, Fruchtmonilia. Zweigmonilia S. 58.

Bakterienbrand an der Kirsche

Steinobst

Kirsche

Süßkirsche

Standort: Sonnig und warm.
Boden: Tiefgründig, locker und lehmhaltig. Böden mit Staunässe im Untergrund sind denkbar ungeeignet.
Pflanzung: In der Zeit von Oktober bis November, aber auch im März möglich. In kleineren Gärten sind Süßkirschen ungeeignet. Sie gibt es nur in der Großbaumform. Sie besitzen einen umfangreichen Kronendurchmesser.
Befruchtung: Da Süßkirschen mit sich selbst unfruchtbar sind, benötigen sie in der Nähe einen Pollenspender. Es dauert 6–8 Jahre, bis die Süßkirschen anfangen zu tragen.

Sauerkirsche

Standort: Sonnig, Sauerkirschen sind nicht so frostempfindlich.
Boden: Sehr leichte und schwere Böden sind ungeeignet.
Pflanzung: In der Zeit von Oktober bis November, aber auch im März möglich.
Wuchsform: Sauerkirschen wachsen in Buschform, der Anbau in kleineren Gärten ist möglich.
Befruchtung: Sauerkirschen sind selbstfruchtbar. Ein Pollenspender ist daher nicht erforderlich.

Schadbild	Ursache	Abwehr
Eingesunkene Stellen, die absterben. Später platzt Rinde auf, Gummifluß. Befallene Stämme und Äste sterben ab.	Bakterienbrand, *Pseudomonas mors prunorum* Bakteriose S. 26	Bekämpfung mit chemischen Pflanzenschutzmitteln nicht möglich. Befallene Äste sorgfältig ausschneiden.
Rinde mit schwärzlichen, krebsartigen Wucherungen (Krötenhaut). Auf den abgestorbenen Pflanzenteilen Pilzfruchtkörper, aus denen besonders im Herbst und Frühjahr klebrige Fäden austreten, die Pilzsporen enthalten. Süßkirschen, auf schweren Böden mit Staunässe, sind besonders anfällig. Die Blätter der befallenen Äste welken, Äste sterben ab.	Valsakrankheit, *Leucostoma cincta* = *Cytospora cincta* Pilzkrankheit S. 26	Befallene Äste bis ins gesunde Holz zurückschneiden und größere Wunden mit Wundpflegemittel behandeln. Besonders wichtiger Zeitpunkt für diese Maßnahme: nach der Ernte. Im Herbst in der Zeit des Laubabfalls, behandeln mit: Grünkupfer-Präparat, 5 g/l, B 4, Wz 0.
Ausfluß einer farblosen bzw. rötlichbraun verfärbten, gummiartigen Flüssigkeit.	Gummifluß (physiologische Erscheinung)	Bekämpfung mit chemischen Pflanzenschutzmitteln nicht möglich. Vor allem im Frühjahr alles vermeiden, was zu Verletzungen des Baumes führt.
Bei Sauerkirschen am Ende der Blütezeit Welken der Blätter bei gleichzeitigem Absterben der Triebspitzen.	Triebspitzenwelke, Zweigsterben, *Monilia laxa* Pilzkrankheit S. 26	Bei Regenwetter kurz vor oder während der Blütezeit 1–2 Behandlungen mit: Saprol, 1,5 ml/l, B 4, Wz 7. Meist reicht es, die befallenen Triebe frühzeitig bis ins gesunde Holz zurückzuschneiden.

Bakterienbrand

Valsakrankheit (Krötenhaut)

Steinobst

Schadbild	Ursache	Abwehr
Blattoberseits bei Süß- und Sauerkirschen kleine, rötlichviolette Flecken, die auf der Blattunterseite weißlich verfärbt sind. Befallene Blätter vergilben und fallen vorzeitig ab.	Sprühfleckenkrankheit, *Brumeriella jaapii* Pilzkrankheit S. 26	Behandlungen sind nur erforderlich in niederschlagsreichen Frühjahrsmonaten und dort, wo die Bäume jedes Jahr vorzeitig ihr Laub verlieren. Süßkirschen, frühe bis mittelspät reifende Sorten, 2 Behandlungen: nach der Blüte und sofort nach der Ernte. Süßkirschen, spät reifende Sorten und Sauerkirschen, 2 Behandlungen: während oder kurz nach der Blüte und 3–4 Wochen nach der 1. Behandlung: Saprol, 1,5 ml/l, B 4, Wz 7.
Gelblichgrüne mosaikartige Verfärbungen, auch ringförmig angeordnet, Adernaufhellung oder starke Zahnung am Blattrand.	Pfeffinger-Krankheit, Ringflecken-Krankheit oder andere Viruskrankheiten Virose S. 25	Mit chemischen Pflanzenschutzmitteln nicht möglich. Befallene Pflanzen sterben langsam ab.
Blattoberseits Fensterfraß, verursacht durch kleine Larven, die eine deutliche Ähnlichkeit mit Nacktschnecken besitzen.	Kirschblattwespe Tierischer Schädling S. 35	Bekämpfung meistens nicht notwendig. Oft reicht es vollkommen aus, befallene Triebe auszuschneiden. Falls im Einzelfall erforderlich: Spruzit flüssig, 1 ml/l, B 4, Wz 2; Schädlingsfrei Parexan, 1 ml/l, B 4, Wz 2; Rotenol-Emulsion, 1 ml/l, B 4, Wz 2.
Starke Kräuselung bzw. Einrollen der Blätter nach unten. Blattunterseits schwarze Blattläuse. Triebe im Wachstum gestaucht. Blattläuse oft von Ameisen besucht, die sich von den Honigtauausscheidungen ernähren.	Schwarze Kirschenlaus Tierischer Schädling S. 30	Ekamet, 1 ml/l, B 1, Wz 14; Spruzit flüssig, 1 ml/l, B 4, Wz 2; Schädlingsfrei Parexan, 1 ml/l, B 4, Wz 2; Rotenol-Emulsion, 1 ml/l, B 4, Wz 2; Brennessel-Brühe: siehe S. 19, Schmierseifen-Brühe: siehe S. 19. Einzelne befallene Triebe ausschneiden.
Oberseits blasig aufgetrieben, Oberhaut läßt sich abheben. Blattunterseits Risse.	Frostblasen, die im zeitigen Frühjahr bei Temperaturen um 0 °C entstehen können.	Bekämpfung nicht möglich.

Triebspitzenwelke bei Sauerkirschen

Schwarze Kirschenläuse

Steinobst

Schadbild	Ursache	Abwehr
Blattoberseits durch kleine, helle Saugstellen weißlich gesprenkelt. Unterseits kleine Milben.	Spinnmilben Tierischer Schädling S. 28	Bekämpfung meist nicht erforderlich. Im Einzelfall: Spruzit flüssig, 1 ml/l, B 4, Wz 3; Schädlingsfrei Parexan, 1 ml/l, B 4, Wz 3; Rotenol-Emulsion, 1 ml/l, B 4, Wz 3.
Lochfraß an den Blättern. Bei noch grünen Kirschen »Löffelfraß«. Blütenknospen ausgefressen, Blüten zusammengesponnen.	Raupen des Kleinen und/oder Großen Frostspanners (typisch: Katzenbukkel-Fortbewegung) Tierischer Schädling S. 35	Neudorff's-Raupenspritzmittel, 1 ml/l, B 4, W 2, Wz 0; Blattlaus-Vernichter Nexion, 1 ml/l, B 1, Wz 14; Ekamet, 1 ml/l, W 2, B 1, Wz 14; Spruzit flüssig, 1 ml/l, B 4, Wz 2; Schädlingsfrei Parexan, 1 ml/l, B 4, Wz 2; Rotenol-Emulsion, 1 ml/l, B 4, Wz 2. Leimringe im September anbringen, im Februar wieder abnehmen. Stamm unterhalb des Leimringes mit einer Wurzelbürste gründlich reinigen.
Auf den Blättern im Frühjahr rote Flecken. Später fällt das abgestorbene Gewebe heraus, es entstehen die typischen »Schrotschußlöcher«. Befallene Blätter fallen vorzeitig ab. Auf Früchten möglicherweise eingesunkene und rot umrandete Flecken, sie verkrüppeln und vertrocknen. Befallen werden Süß- und Sauerkirschen.	Schrotschußkrankheit, *Clasterosporium carpophilum* Pilzkrankheit S. 26	Grünkupferpräparat, 5 g/l, B 4, Wz 0, beim Austrieb und im Herbst beim Blattfall. Abgefallenes Laub entfernen. Befallene Triebe ausschneiden.
Bei Süß- und Sauerkirschen auf den Blättern kleine Fleckchen, deren wäßrig durchscheinende Randzone im Gegenlicht deutlich sichtbar wird. Krankheitsbild ähnelt der Schrotschußkrankheit. An Früchten zunächst olivgrüne, eingesunkene, später schwarze Flecken. Werden Stamm und Äste befallen, tritt aus den aufplatzenden Rindenplatten Gummifluß aus.	Bakterienbrand, *Pseudomonas mors prunorum* Bakteriose S. 26	Bekämpfung mit chemischen Pflanzenschutzmitteln nicht möglich. Befallene Äste sorgfältig ausschneiden.
Weiche, bräunliche Stelle in Stielnähe. Stein läßt sich im Innern der Frucht leicht hin und her schieben. Fruchtfleisch in der Nähe des Steins faulig. In befallenen Früchten eine oder mehrere weißliche, kopf- und fußlose Maden.	Kirschfruchtfliege Tierischer Schädling S. 36	Je nach Größe des Baumes 4–10 Neudorff's Kirschfliegenfallen aufhängen, wenn die Kirschen beginnen, sich gelb zu verfärben.

Oben links: Pfeffinger Krankheit

Oben rechts: Sprühfleckenkrankheit an der Kirsche

Rechts: Stecklenbergerkrankheit

Schadbild	Ursache	Abwehr
Bei Süßkirschen übermäßig starker, vorzeitiger Fruchtabfall. Die ca. 1 cm großen Früchte werden zunächst gelb, dann rötlich und fallen schließlich ab.	Rötel (natürlicher Vorgang, die Bäume verlieren Früchte, die sie nicht ernähren können)	Bekämpfung mit chemischen Pflanzenschutzmitteln nicht möglich.
An reifen Früchten Fäulnis mit Sporenpolster.	Fruchtmonilia, *Monilia laxa* Pilzkrankheit S. 26	Mit chemischen Pflanzenschutzmitteln nicht möglich. Ausdünnen bei zu dichtem Fruchtbehang. Fruchtmumien entfernen.
Reife Früchte platzen auf. Bei feuchtem Wetter gehen die trockenen Risse in Fäulnis über.	Physiologische Erscheinung	Das Platzen ist witterungsbedingt und daher nicht beeinflußbar.

Weitere Krankheiten und Schädlinge S. 44–46: Bleiglanz, Knospenwickler, Miniermotte, Eisenmangel, Borkenkäfer, Baumschwämme.

Steinobst

Pfirsich

Standort: Pfirsiche benötigen viel Wärme. Weinbauklima ist daher für den Anbau besonders geeignet.
Boden: Humusreich. Pfirsich gedeiht nicht auf kalten, nassen Böden.
Pflanzung: In den Monaten Oktober und November. Während Halbstämme seltener sind, werden meistens Buschbäumchen angeboten.
Blüte: Pfirsiche blühen sehr früh im März/April. Die Blüten sind daher besonders frostgefährdet.
Befruchtung: Pfirsich ist mit sich selbst fruchtbar, er braucht daher keinen Pollenspender.

Schadbild	Ursache	Abwehr
Eingesunkene Stellen, die absterben. Später platzt die Rinde auf, Gummifluß. Befallene Stämme und Äste sterben ab.	Bakterienbrand, *Pseudomonas mors prunorum* Bakteriose S. 26	Bekämpfung mit chemischen Pflanzenschutzmitteln nicht möglich. Befallene Äste sorgfältig ausschneiden.
Rinde mit schwärzlichen, krebsartigen Wucherungen (Krötenhaut). Auf abgestorbenen Pflanzenteilen entwickeln sich Pilzfruchtkörper, aus denen besonders im Herbst und Frühjahr klebrige Fäden austreten, die Pilzsporen enthalten. Pfirsiche, die auf schweren Böden mit Staunässe stehen, sind besonders anfällig. Blätter der befallenen Äste welken, die Äste selber sterben ab.	Valsakrankheit, *Leucostoma cincta* = *Cytospora cincta* Pilzkrankheit S. 26	Befallene Äste bis ins gesunde Holz zurückschneiden und größere Wunden mit Wundpflegemittel behandeln. Im Herbst in der Zeit des Laubabfalls, behandeln mit einem Grünkupfer-Präparat, 5 g/l, B 4, Wz 0.
Ausfluß einer farblosen bzw. rötlichbraun verfärbten, gummiartigen Flüssigkeit.	Gummifluß (physiologische Erscheinung)	Bekämpfung mit chemischen Pflanzenschutzmitteln nicht möglich. Vor allem im Frühjahr alles vermeiden, was zu Verletzungen führt.
Blätter oberseits durch kleine, helle Saugstellen weißlich gesprenkelt. Blattunterseits kleine Milben.	Obstbaumspinnmilbe Tierischer Schädling S. 28	Bekämpfung meist nicht erforderlich. Im Einzelfall: Spruzit flüssig, 1 ml/l, B 4, Wz 2; Schädlingsfrei Parexan, 1 ml/l, B 4, Wz 2; Rotenol-Emulsion, 1 ml/l, B 4, Wz 2.
Gekräuselt, auf der Blattunterseite grüne Blattläuse, bei stärkerem Befall vorzeitiger Blattfall.	Grüne Pfirsichblattlaus Tierischer Schädling S. 30	Ekamet, 1 ml/l, W 2, B 1, Wz 14; Spruzit flüssig, 1 ml/l, B 4, Wz 2; Schädlingsfrei Parexan, 1 ml/l, B 4, Wz 2; Rotenol-Emulsion, 1 ml/l, B 4, Wz 2; Brennessel-Brühe: siehe S. 19, Schmierseifen-Brühe: s. S. 19. Einzelne befallene Triebe ausschneiden.

Kräuselkrankheit des Pfirsichs

Schadbild	Ursache	Abwehr
Kurz nach dem Austrieb blattoberseits gelbe Flecken, Unterseite von mehlartigem Belag überzogen. Befallene Blätter rollen sich nach oben ein, vertrocknen und fallen ab. Bei massivem Befall vertrocknen auch Triebspitzen.	Pfirsichmehltau, *Sphaerotheca pannosa* Pilzkrankheit S. 26	Bekämpfung mit chemischen Pflanzenschutzmitteln meistens nicht erforderlich. Befallene Triebe ausschneiden.
Blätter bereits kurz nach dem Austrieb weißlichgrün oder rötlich verfärbt, deformiert und besonders brüchig. Auf der Blattoberseite, ganz selten nur auf der Unterseite, zarter weißlicher Flaum. Blätter vertrocknen und fallen ab. Ist der Baum ziemlich kahl, werden die jungen Früchte ebenfalls abgestoßen. Der nachfolgende Neuaustrieb (Johannistrieb) bleibt gesund.	Kräuselkrankheit, *Taphrina deformans* des Pfirsichs Pilzkrankheit S. 26	Im zeitigen Frühjahr zum Zeitpunkt des Knospenschwellens aber noch vor dem Aufbruch der Knospen: Euparen, 1,5 g/l, B 4, Wz 0 (nur vor der Blüte anwenden!); Grünkupfer-Präparat, 5 g/l, B 4, Wz 0. Befallene Triebe ausschneiden.
Auf den Blättern im Frühjahr rote Flecken. Später fällt das abgestorbene Gewebe heraus: typische »Schrotschußlöcher«, befallene Blätter fallen vorzeitig ab. Früchte möglicherweise mit eingesunkenen und rot umrandeten Flecken – verkrüppeln und vertrocknen.	Schrotschußkrankheit, *Clasterosporium carpophilum* Pilzkrankheit S. 26	Grünkupferpräparat, 5 g/l, B 4, Wz 0, beim Austrieb und im Herbst beim Blattfall. Abgefallenes Laub entfernen. Befallene Triebe ausschneiden.
Schwarze, größere Flecken oder schwarze Überzüge, unter denen Risse entstehen können, die jedoch verkorken.	Pfirsichschorf, *Megacladosporium carpophilum* Pilzkrankheit S. 26	Dithane Ultra, 2 g/l, B 4, Wz 28. Baumkronen durch Schnitt im Frühjahr auslichten. Abgefallenes Laub entfernen.

Steinobst

Schadbild	Ursache	Abwehr
Vorzeitige Fruchtreife. Befallene Früchte besitzen ein Bohrloch mit farblosem Gummitröpfchen. Meistens fallen die Früchte ab. Beim Öffnen der Frucht findet man einen Fraßgang, der mit Kot verunreinigt ist. Die rötlichen Raupen besitzen einen dunklen Kopf.	Pflaumenwickler = Pflaumenmade Tierischer Schädling S. 35	Ab Ende Juni im Abstand von jeweils 2 Wochen behandeln: Blattlaus-Vernichter Nexion, 2 ml/l, B 1, Wz 21; Spruzit flüssig, 1 ml/l, B 4, Wz 2; Schädlingsfrei Parexan, 1 ml/l, B 4, Wz 2; Rotenol-Emulsion, 1 ml/l, B 4, Wz 2. Früchte aufsammeln.

Weitere Krankheiten und Schädlinge S. 45–46: Bleiglanz, Fruchtmonilia.

Mirabelle, Pflaume, Reneklode, Zwetsche

Standort: Während Pflaumen und Zwetschen zu den anspruchslosen Obstarten gezählt werden können, lieben Mirabellen und Renekloden etwas mehr Wärme und Sonne.
Boden: Mittelschwer und humusreich.
Pflanzung: In den Monaten Oktober und November, jedoch auch im März möglich. Für kleinere Gärten sind höchstens Halbstämme geeignet.
Mirabellen, Pflaumen, Renekloden und Zwetschen können sich untereinander befruchten.

Schadbild	Ursache	Abwehr
Eingesunkene Stellen an der Rinde, die absterben. Später platzt die Rinde auf, Gummifluß. Befallene Stämme und Äste sterben ab.	Bakterienbrand, *Pseudomonas mors prunorum* Bakteriose S. 26	Bekämpfung mit chemischen Pflanzenschutzmitteln nicht möglich. Befallene Äste sorgfältig ausschneiden.
Rinde mit schwärzlichen, krebsartigen Wucherungen (Krötenhaut). Auf abgestorbenen Pflanzenteilen entwickeln sich Pilzfruchtkörper aus denen besonders im Herbst und Frühjahr klebrige Fäden austreten, die Pilzsporen enthalten. Bäume, die auf schweren Böden mit Staunässe stehen, sind besonders anfällig. Blätter der befallenen Äste welken, Äste selber sterben ab.	Valsakrankheit, *Leucostoma cincta* = *Cytospora cincta* Pilzkrankheit S. 26	Befallene Äste bis ins gesunde Holz zurückschneiden und größere Wunden mit Wundverschlußmittel behandeln. Im Herbst zur Zeit des Blattfalls behandeln mit einem Grünkupferpräparat, 5 g/l, B 4, Wz 0.
Auf den Blättern im Frühjahr rote Flecken. Später fällt das abgestorbene Gewebe heraus, es entstehen »Schrotschußlöcher«. Die kranken Blätter fallen früh ab. Früchte oft mit eingesunkenen, rot umrandeten Flecken – verkrüppeln und vertrocknen.	Schrotschußkrankheit, *Clasterosporium carpophilum* Pilzkrankheit S. 26	Grünkupferpräparat, 5 g/l, B 4, Wz 0, beim Austrieb und im Herbst beim Blattfall. Abgefallenes Laub entfernen. Befallene Triebe ausschneiden.

	Schadbild	Ursache	Abwehr
	Blattoberseits kleine, weißliche Saugstellen, Blätter daher hell gesprenkelt. Auf der Blattunterseite kleine Milben.	Obstbaumspinnmilbe Tierischer Schädling S. 28	Bekämpfung meist unnötig! Spruzit flüssig, 1 ml/l, B 4, Wz 2; Schädlingsfrei Parexan, 1 ml/l, B 4, Wz 2; Rotenol-Emulsion, 1 ml/l, B 4, Wz 2.
	Blätter gekräuselt und eingerollt. Triebe und auch Früchte können verkümmern. Befallene Pflanzenteile sind von Honigtau überzogen, auf dem sich später Rußtaupilze ansiedeln.	Mehlige Pflaumenblattlaus Tierischer Schädling S. 30	Blattlaus-Vernichter Nexion, 0,5 ml/l, B 1, Wz 28; Ekamet, 1 ml/l, W 2, B 1, Wz 14; Spruzit flüssig, 1 ml/l, B 4, Wz 2; Schädlingsfrei Parexan, 1 ml/l, B 4, Wz 2; Rotenol-Emulsion, 1 ml/l, B 4, Wz 2.
	Mosaikartige, gelbgrüne bis gelbe Verfärbungen, Flecken ringförmig oder gebändert bzw. Aufhellung der Adern.	Ring- und Bandmosaik-Virus Virose S. 25	Bekämpfung mit chemischen Pflanzenschutzmitteln nicht möglich.
	Lochfraß an Blättern. Bei noch grünen Früchten »Löffelfraß«. Blütenknospen ausgefressen, Blüten zusammengesponnen.	Raupen des Kleinen und/oder Großen Frostspanners (Typische Katzenbuckelfortbewegung) Tierischer Schädling S. 35	Neudorff's-Raupenspritzmittel, 1 ml/l, B 4, W 2, Wz 0; Blattlaus-Vernichter Nexion, 1 ml/l, B 1, Wz 28; Ekamet, 1 ml/l, W 2, B 1, Wz 14; Spruzit flüssig, 1 ml/l, B 4, Wz 2; Schädlingsfrei Parexan, 1 ml/l, B 4, Wz 2; Rotenol-Emulsion, 1 ml/l, B 4, Wz 2. Leimringe im September anbringen, im Februar wieder abnehmen.

Mehlige Pflaumenlaus

Steinobst

Schadbild	Ursache	Abwehr
Früchte fallen schon bald nach der Blüte massenweise ab, zeigen ein Fraßloch und sind von innen her ausgefressen. Im Inneren eine weißliche Larve.	Pflaumensägewespe Tierischer Schädling S. 35	Bekämpfung nur dort erforderlich, wo im Vorjahr stärkerer Befall beobachtet wurde. Sofort nach dem Abfallen der Blütenblätter: Beosit 35 flüssig, 1 ml/l, Xn, B 4, Wz 21. Abgefallene Früchte aufsammeln.
Vorzeitige Fruchtreife. Befallene Früchte besitzen ein Bohrloch mit farblosen Gummitröpfchen. Meistens fallen die Früchte ab. Beim Öffnen der Frucht findet man einen Fraßgang, der mit Kot verunreinigt ist. Die rötlichen Raupen besitzen einen dunklen Kopf.	Pflaumenwickler = Pflaumenmade Tierischer Schädling S. 35	Ab Ende Juni im Abstand von jeweils 2 Wochen behandeln mit: Blattlaus-Vernichter Nexion, 2 ml/l, B 1, Wz 28; Spruzit flüssig, 1 ml/l, B 4, Wz 2; Schädlingsfrei Parexan, 1 ml/l, B 4, Wz 2; Rotenol-Emulsion, 1 ml/l, B 4, Wz 2. Abgefallene Früchte aufsammeln.

Narren-(Taschen-)Krankheit

Raupe des Pflaumenwicklers

Schäden durch Pflaumensägewespe

Scharkakrankheit am Pflaumenblatt

	Schadbild	Ursache	Abwehr
(Symbol)	Früchte mit mehlig-weißem Überzug. Deformierte Früchte ohne Kern, die nicht ausreifen.	Narren-(Taschen-) Krankheit *Taphrina pruni* Pilzkrankheit S. 26	Nur bei Regenperioden kurz vor oder während der Blütezeit 2 Behandlungen mit Phytox Super, 2 g/l, B 4, Wz 21 oder Polyram Combi, 2 g/l, B 4, Wz 21.
	Verunstaltete, runzelige, von Rillen durchzogene Früchte, die ungenießbar sind, fallen vorzeitig ab. Bei manchen Sorten treten die Symptome bei den Früchten so nicht auf, hier sind die Blätter mit hellgrünen bis gelblichen ring- und bandförmigen Mustern gekennzeichnet.	Scharka- oder Pockenkrankheit Virose S. 25	Bekämpfung mit chemischen Pflanzenschutzmitteln nicht möglich. Krankheit ist meldepflichtig!

Weitere Krankheiten und Schädlinge S. 45–46: Bleiglanz, Fruchtmonilia, Gespinstmotte, Großer Obstbaumsplintkäfer u. a. Borkenkäfer.

Brombeere

Standort: Sonnig bis halbschattig.
Boden: Keine besonderen Ansprüche. Anbaufläche sollte immer gemulcht werden.
Pflanzung: März/April. Pflanzabstand bei aufrecht wachsenden Sorten 1–1,5 m, bei rankenden Sorten 3–4 m.

	Schadbild	Ursache	Abwehr
	Einjährige Ranken bereits vom Frühjahr an rötlichviolette Flecken. Schlechte Blatt- und Fruchtentwicklung. Bei starkem Befall sterben die Ruten ab.	Rankensterben, *Rhabdospora ramealis* Pilzkrankheit S. 26	Bekämpfung mit chemischen Pflanzenschutzmitteln nicht möglich. Junge Ranken frühzeitig hochbinden: vermindert die Infektionsgefahr. Abgetragene Ruten nach der Ernte dicht am Boden abschneiden. Schnittstellen mit Laub abdecken. Fläche stets mulchen.
	Rote, verhärtete Stellen. Früchte reifen nicht aus.	Brombeermilbe Tierischer Schädling S. 28	Dort, wo im Vorjahr stärkerer Befall vorhanden war, 3 Behandlungen: 1. wenn Jahrestrieb ca. 40 cm lang ist, 2. wenn Jahrestrieb ca. 50–60 cm lang ist, 3. während der Vollblüte mit: Beosit 35 flüssig, 1 ml/l, Xn, B 4, Wz 21.
	Raupen in den erntereifen Früchten.	Larven des Himbeerkäfers Tierischer Schädling S. 34	Dort, wo im Vorjahr Befall vorhanden war, vor Blühbeginn und während der Blüte behandeln mit: Beosit 35 flüssig, 1 ml/l, Xn, B 4, Wz 21. Käfer während der Blütezeit und noch etwas später in Schüsseln abklopfen.
	Fäulnis mit mausgrauem Schimmelbelag.	Grauschimmelfäule, *Botrytis cinerea* Pilzkrankheit S. 26	Bei niederschlagsreicher Witterung im Frühjahr 2–3 Behandlungen, jeweils im wöchentlichen Abstand, beginnend kurz vor Blühbeginn mit: Euparen, 2 g/l, B 4, Wz 14. Bestände auslichten. Beeren müssen nach Regenfällen möglichst schnell wieder trocken werden.

Weitere Krankheiten und Schädlinge: Wurzelkropf S. 44.

Rankensterben an der Brombeere

Grauschimmelfäule

Erdbeere

Standort: Sonnig.
Boden: Tiefgründig, locker, schwach sauer.
Pflanzung: Bester Termin ist Juli/August in Reihen. Pflanzabstand 25 cm. Reihenabstand 60–70 cm. Im allgemeinen soll die Kultur 2–3 Jahre stehen bleiben.
Gute Nachbarn: Boretsch, Buschbohnen, Knoblauch, Lauch, Radieschen, Salat, Spinat, Zwiebeln.

	Schadbild	Ursache	Abwehr
	Welken einzelner Pflanzen. Wurzeln zunächst noch gesund. Wurzelhals jedoch beim Längsschnitt braun verfärbt.	Phytophthora-Fäule, *Phytophthora cactorum* Pilzkrankheit S. 26	Für den Kleingartenbereich keine Präparate geprüft und zugelassen. Befallene Pflanzen mitsamt der Wurzeln entfernen.
	Wurzeln abgefressen. Pflanzen kümmern und sterben ab. Weißliche Larven mit braunem Kopf und ohne Beine.	Larven des Dickmaulrüßlers Tierischer Schädling S. 34	Für den Kleingartenbereich keine Präparate geprüft und zugelassen. Bei stärkerem Befall nach der Ernte angießen mit: Ekamet, 1 ml/l, W 2, B 1, Wz 14.
	Rötlich verfärbte Blattränder, nach oben gerollt. Blatt ist ober- und unterseits mit feinem mehlartigen Belag überzogen. Absterben des Laubes. Auch Früchte können befallen sein.	Echter Mehltau, *Sphaerotheca humuli* Pilzkrankheit S. 26	Widerstandsfähige Sorten anbauen.

Schaden durch Erdbeermilben

Erdbeerstengelstecher

Schadbild	Ursache	Abwehr
Blattoberseits grauweiße, rot umrandete Flecke. Besonders nach der Ernte.	Weißfleckenkrankheit, *Mycosphaerella fragariae* Pilzkrankheit S. 26	Weniger anfällige Sorten anbauen. Befallene Pflanzen entfernen.
Herzblätter im Sommer gekräuselt und verkrüppelt. Bei starkem Befall verbräunt. Pflanzen wachsen kümmerlich.	Erdbeermilbe (mit dem bloßen Auge nicht sichtbar) Tierischer Schädling S. 28	Nach der Ernte: Beosit 35 flüssig, 1 ml/l, Xn, B 4, Wz 0. Befallene Pflanzen entfernen.
Blattoberseits kleine weiße Sprenkel; unterseits rötlich bzw. grünlichgelbe Tiere, die mit bloßem Auge gerade noch erkennbar sind. Befallene Blätter mit feinen Gespinsten überzogen.	Spinnmilben Tierischer Schädling S. 28	Bekämpfung in der Regel nicht erforderlich. Im Einzelfall vor der Blüte oder nach der Ernte: Spruzit flüssig, 1 ml/l, B 4, Wz 2; Schädlingsfrei Parexan, 1 ml/l, B 4, Wz 2; Rotenol-Emulsion, 1 ml/l, B 4, Wz 2.
Blüten-, manchmal auch Blattstiele hängen welk herunter. An der Knickstelle ein Bohrloch.	Erdbeerstengelstecher Tierischer Schädling S. 34	Für den Kleingartenbereich keine Präparate geprüft und zugelassen.
Blütenstielchen angefressen und abgeknickt.	Erdbeerblütenstecher Tierischer Schädling S. 34	Für den Kleingartenbereich keine Präparate geprüft und zugelassen.
Fäulnis mit mausgrauem Schimmelbelag.	Grauschimmelfäule, *Botrytis cinerea* Pilzkrankheit S. 26	Bei viel Regen im Frühjahr 2–3 Behandlungen, jeweils im wöchentlichen Abstand, beginnend kurz vor Blühbeginn: Euparen, 2 g/l, B 4, Wz 7; Rouilan, 1 g/l, B 4, Wz 10; Rovral, 1 g/l, B 4, Wz 10.

Grauschimmelfäule

Blumenkohlkrankheit

Schadbild	Ursache	Abwehr
Dünne, tiefer gehende Fraßschäden ohne Schleimspuren.	Tausendfüßler Tierischer Schädling S. 29	Bestände auslichten. Beeren müssen nach Regenfällen möglichst schnell wieder trocken werden. Etwa 3 Wochen vor der Ernte Stroh oder Holzwolle unter die Früchte legen. Ködern mit Scheiben von Möhren oder Kartoffeln, versteckt unter umgestülpten Blumentöpfen. Schneckenkorn Mesurol, 3 g/10 m^2, B 3, Wz 14.
Verkrüppelte, blumenkohlartig mißgestaltete Früchte.	Blumenkohlkrankheit (mögliche Erreger: Älchen und/oder Bakterien) Bakteriose S. 26 oder Tierischer Schädling S. 27	Bekämpfung mit chemischen Pflanzenschutzmitteln nicht möglich. Befallene Pflanzen entfernen.
Fraßschäden mit Schleimspuren.	Schnecken Tierischer Schädling S. 37	Anwendung von Ködermitteln: Schneckenkorn Mesurol, 3 g/10 m^2, B 3; Schneckenkorn Helarion, 3 g/10 m^2, B 3; Tschilla Schneckenstaub, 20 g/10 m^2, Xn, B 4; Schnecken-Lösung Limagard, das aus einem Schneckenlockstoff, Pflanzenextrakten und Aethyl-Alkohol besteht. Fanglöcher im Abstand von 4–5 m anlegen.

Himbeere

Standort: Schattig, windgeschützt.
Boden: Lehmhaltig, gut wasserdurchlässig, etwas kalkarm.
Pflanzung: September/Oktober in Reihen. Pflanzabstand in der Reihe 40–60 cm, von Reihe zu Reihe 1,20–1,60 m. Vorsicht! Nicht zu tief pflanzen (nicht tiefer als sie gestanden haben).

Schadbild	Ursache	Abwehr
Tragruten sterben ab, Blätter und Früchte vertrocknen. Mark ausgefressen von gelblichweißen Larven.	Himbeerglasflügler Tierischer Schädling S. 35	Befallene Pflanzen vor dem Schlüpfen der Falter (Juli) entfernen. Bei stärkerem Befall nach der Ernte die unteren 40 cm der Ruten gründlich behandeln mit: Ekamet, 1 ml/l, W 2, B 1, Wz 0.
Ab Juni blauviolette Flecken an den Jungtrieben. Im nächsten Jahr kaum noch Austrieb oder aber Absterben.	Rutensterben, *Didymella applanata* Pilzkrankheit S. 26	Bekämpfung mit chemischen Pflanzenschutzmitteln nicht möglich. Junge Ranken frühzeitig hochbinden: vermindert Infektionsgefahr. Abgetragene Ruten nach der Ernte dicht am Boden abschneiden. Schnittstellen mit Laub abdecken. Fläche stets mulchen.
Neuaustreibende Ruten verfärben sich bläulich, welken und sterben ab. Im Inneren weißliche Fliegenmaden.	Himbeerrutenfliege Tierischer Schädling S. 36	Befallene Ruten frühzeitig ausschneiden, ehe die Larven die Triebe verlassen haben. Bei stärkerem Befall 2 Behandlungen der neuaustreibenden Ruten: 1.) wenn Rute 25 cm hoch, 2.) 10 Tage nach der 1. Behandlung mit: Beosit 35 flüssig, 1 ml/l, Xn, B 4, Wz 21;
Mosaikartige gelbliche Verfärbungen der Blätter. Wüchsigkeit läßt nach.	Himbeermosaik (Viruskrankheit S. 25 oder Himbeerblattmilbe S. 28, mit bloßem Auge nicht sichtbar)	Bekämpfung mit chemischen Pflanzenschutzmitteln nicht möglich. Befallene Ruten ausschneiden.
Blattoberseits kleine, weißliche Sprenkel. Unterseits rötliche bzw. grünlichgelbe Tiere, oft mit feinem Gespinst. Blätter werden braun und sterben ab.	Spinnmilben Tierischer Schädling S. 28	Spruzit flüssig, 1 ml/l, B 4, Wz 2; Schädlingsfrei Parexan, 1 ml/l, B 4, Wz 2; Rotenol-Emulsion, 1 ml/l, B 4, Wz 2.

Himbeermosaik, die gelblichen Verfärbungen des Blattes sind deutlich sichtbar.

Schadbild	Ursache	Abwehr
Raupen in erntereifen Früchten.	Larven des Himbeerkäfers Tierischer Schädling S. 34	Dort, wo im Vorjahr Befall vorhanden war, vor Blühbeginn und während der Blüte behandeln mit: Beosit 35 flüssig, 1 ml/l, Xn, B 4, Wz 21. Käfer während der Blütezeit und noch etwas später in Schüsseln abklopfen.
Fäulnis mit mausgrauem Schimmelbelag.	Grauschimmelfäule, *Botrytis cinerea* Pilzkrankheit S. 26	Bei niederschlagsreicher Witterung im Frühjahr 2–3 Behandlungen, jeweils im wöchentlichen Abstand, beginnend kurz vor Blühbeginn mit: Euparen, 2 g/l, B 4, Wz 14. Bestände auslichten. Beeren müssen nach Regenfällen möglichst schnell wieder trocken werden.

Weitere Krankheiten und Schädlinge: Wurzelkropf S. 44.

Beerenobst

Johannisbeere

Standort: Sonnig.
Boden: Tiefgründig, locker.
Pflanzung: Herbst oder zeitiges Frühjahr in Reihen, wobei ein Pflanzabstand von 1,50 m und ein Reihenabstand von 2–3 m bei Roten Johannisbeeren eingehalten werden sollte. Schwarze Johannisbeeren pflanzt man 2,50 m auseinander.
Gute Nachbarn: Sauerkirschen, Stachelbeeren.

Schadbild	Ursache	Abwehr
Knospen im Frühjahr rund und kugelig angeschwollen. Besonders bei der Schwarzen Johannisbeere. Befallene Knospen treiben nicht aus und vertrocknen.	Johannisbeergallmilbe Tierischer Schädling S. 28	Im zeitigen Frühjahr sofort beim Sichtbarwerden eines stärkeren Befalls, spritzen mit: Netzschwefel, 5 g/l, B 4, Wz 0; Anwendung im zeitigen Frühjahr. Nicht anwenden bei Temperaturen über 20 °C (Pflanzenschäden). Oft reicht es vollkommen aus, die befallenen Knospen auszubrechen.
Einzelne Triebe welken und sterben ab. Schneidet man diese der Länge nach auf, findet man im Mark kleine, weißlichgelbe Räupchen.	Johannisbeerglasflügler Tierischer Schädling S. 35	Befallene Triebe ausschneiden.

Johannisbeer-Nesselblatt-Mosaik-Virus; links sind die deformierten Blättchen deutlich zu erkennen.

Johannisbeerblasenrost

Von der Johannisbeergallmilbe verunstaltete Knospe

Schadbild	Ursache	Abwehr
An den Triebspitzen zusammengerollt. Triebe gestaucht. Blattunterseits zahlreiche, grüne, mit Wachs bepuderte Blattläuse. Befallene Pflanzenteile stark mit Honigtau bzw. Rußtau verunziert.	Johannisbeertrieblaus Tierischer Schädling S. 30	Bei stärkerem Befall während der Blütezeit mit: Spruzit flüssig, 1 ml/l, B 4, Wz 2; Schädlingsfrei Parexan, 1 ml/l, B 4, Wz 2; Rotenol-Emulsion, 1 ml/l, B 4, Wz 2.
Blattunterseits im Hochsommer bräunlicher Sporenbelag. Blätter werden braun und fallen bei stärkerem Befall frühzeitig ab.	Säulenrost, *Cronartium ribicola* Pilzkrankheit S. 26	Pilz ist wirtswechselnd und benötigt Weymouthskiefer u. a. fünfnadelige Kiefern für seine Entwicklung. Ab Befallsbeginn 4 Behandlungen, jeweils im Abstand von 10–14 Tagen mit: Phytox Super, 2 g/l, B 4, Wz 35; Polyram Combi, 2 g/l, B 4, Wz 35.
Besonders nach längeren Regenperioden kleine, braune Flecken, die ineinander übergehen. Blätter rollen sich ein und fallen vorzeitig ab.	Blattfallkrankheit, *Drepanopeziza ribis* Pilzkrankheit S. 26	Im Kleingartenbereich keine Präparate geprüft und zugelassen. Abgefallenes Laub, auf dem die Krankheit überwintert, beseitigen. In gefährdeten Lagen 3 Behandlungen mit: Euparen, 2 g/l, B 4, Wz 14; 1.) vor der Blüte, 2.) 14 Tage nach der 1. Spritzung, 3.) 14 Tage nach der 2. Spritzung.
Blätter brennesselartig deformiert mit Farbveränderungen.	Johannisbeer-Nesselblatt-Mosaik-Virus Virose S. 25	Keine Bekämpfung möglich: Befallene Triebe ausschneiden.
Blattoberseite blasig aufgetrieben. Unterseits gelbgrüne Blattläuse.	Johannisbeerblasenlaus Tierischer Schädling S. 30	Bekämpfung meist nicht erforderlich. Stärker befallene Blätter frühzeitig abpflücken, solange die Läuse noch da sind.
Unregelmäßig deformierte Risse bzw. Kräuselungen oder Löcher von unregelmäßiger Größe.	Blattwanzen Tierischer Schädling S. 31	Bekämpfung meist nicht erforderlich.

Beerenobst

Stachelbeere

Standort: Sonnig, vertragen aber auch etwas Schatten.
Boden: Lehmig und kalkhaltig. Kalkmergel ist besonders geeignet.
Pflanzung: Herbst oder zeitiges Frühjahr. Pflanzabstand bei Büschen 1,50 m. Hochstämmchen können etwas dichter stehen (1,30 m), und brauchen unbedingt zum Halt einen Pfahl.
Gute Nachbarn: Johannisbeeren.

Schadbild	Ursache	Abwehr
Besonders nach längeren Regenperioden kleine, braune Flecken, die ineinander fließen. Blätter rollen sich ein und fallen vorzeitig ab.	Blattfallkrankheit, *Drepanopeziza ribis* Pilzkrankheit S. 26	Im Kleingartenbereich keine Präparate geprüft und zugelassen. Abgefallenes Laub, auf dem die Krankheit überwintert, beseitigen. In gefährdeten Lagen 3 Behandlungen mit: Euparen, 2 g/l, B 4, Wz 14; 1.) vor der Blüte, 2.) 14 Tage nach der 1. Spritzung, 3.) 14 Tage nach der 2. Spritzung.
Vom Inneren der Büsche her Loch- bzw. Kahlfraß durch grünlichgelbe Raupen.	Stachelbeerblattwespe Tierischer Schädling S. 35	Spruzit flüssig, 1 ml/l, B 4, Wz 2; Schädlingsfrei Parexan, 1 ml/l, B 4, Wz 2; Rotenol Emulsion, 1 ml/l, B 4, Wz 2.

Kahlfraß durch Stachelbeerblattwespen

Amerikanischer Stachelbeermehltau

Schadbild	Ursache	Abwehr
Blattoberseite durch kleine Saugstellen weißlich gesprenkelt. Blattunterseits kleine Milben.	Spinnmilben Tierischer Schädling S. 28	Bekämpfungsmaßnahmen in der Regel nicht erforderlich. Im Einzelfall: Spruzit flüssig, 1 ml/l, B 4, Wz 2; Schädlingsfrei Parexan, 1 ml/l, B 4, Wz 2; Rotenol-Emulsion, 1 ml/l, B 4, Wz 2.
Blätter und Früchte überzogen von mehlig weißem Pilzbelag. Früchte verfärben sich später braun und fallen ab.	Amerikanischer Stachelbeermehltau, *Sphaerotheca mors uvae* Pilzkrankheit S. 26	Triebspitzen, an denen die Krankheit überwintert, abschneiden (ca. 5 cm). Unter Umständen dann noch ab Anfang Mai 3 mal im Abstand von 14 Tagen behandeln mit: Saprol, 1 ml/l, B 4, Wz 14.

Larven der Stachelbeerblattwespe

Schalenobst

Haselnuß

Standort: Keine besonderen Ansprüche.
Boden: Humusreich und feucht.
Pflanzung: Im Herbst oder zeitigen Frühjahr. Der Abstand von Pflanze zu Pflanze sollte 3–4 m betragen.
Befruchtung: Haselnüsse sind Windbefruchter. Damit eine gute Befruchtung stattfinden kann, sollten wenigstens 2 Büsche nahe beieinander stehen.

Schadbild	Ursache	Abwehr
Blattknospen sind im zeitigen Frühjahr kugelig angeschwollen und treiben nicht aus (Rundknospen).	Haselnußgallmilbe Tierischer Schädling S. 28	Im zeitigen Frühjahr behandeln mit: Beosit flüssig, 1 ml/l, B 4, Wz 0.
Blattoberseite durch kleine, helle Saugstellen weißlich gesprenkelt; unterseits kleine Milben.	Spinnmilbe Tierischer Schädling S. 28	Bekämpfung im allgemeinen nicht erforderlich. Spruzit flüssig, 1 ml/l, B 4, Wz 2; Schädlingsfrei Parexan, 1 ml/l, B 4, Wz 2; Rotenol-Emulsion, 1 ml/l, B 4, Wz 2.
Früchte innen ausgefressen. Schale besitzt ein kleines rundes Loch. Sie fallen vorzeitig ab.	Haselnußbohrer Tierischer Schädling S. 34	Befallene Nüsse sofort abpflücken bzw. bereits abgefallene Nüsse aufsammeln und vernichten.
Ausgefressene Früchte, versehen mit einem größeren Loch.	Waldmaus Tierischer Schädling S. 38	Bekämpfung nicht erforderlich.

Haselnußbohrer

Schaden durch Haselnußgallmilbe; links gesund

Waldmäuse haben diese Nüsse aufgenagt und ausgefressen.

Schadbild	Ursache	Abwehr
Nüsse taub.	Männliche und weibliche Blüten waren nicht zur gleichen Zeit reif, es erfolgte keine Befruchtung.	—

Walnuß

Standort: Keine besonderen Ansprüche, jedoch etwas wärmeliebend.
Boden: Humusreich und mäßig feucht.
Pflanzung: Im Herbst, Pflanzabstand bei den neueren Sorten 6 m. Diese Bäume tragen bereits nach dem 2. Jahr. Treten in den Monaten April/Mai Fröste auf, erfrieren die Blüten, und es gibt keine Nüsse.

Schadbild	Ursache	Abwehr
Blattoberseite blasig aufgetrieben; unterseits saugen kleine, mit dem bloßen Auge nicht sichtbare Milben.	Walnußpockenmilbe Tierischer Schädling S. 28	Bekämpfungsmaßnahmen nicht erforderlich.
Blätter bei beginnendem Befall mit durchscheinenden, später braunwerdenden, meist eckig umgrenzten Flecken. Fruchthüllen braunschwarz verfärbt. Der Kern wird weich, fault und verfärbt sich schwarz.	Bakterienbrand, *Pseudomonas juglandis* Bakteriose S. 26	Bekämpfung mit chemischen Pflanzenschutzmitteln nicht möglich. Feuchte Standorte meiden.
Im Sommer nach Regenperioden dunkelbraune, eckige Flecke. Bei starkem Befall vorzeitiger Blatt- und Fruchtfall.	Marssoninakrankheit, *Marssonina juglandis* Pilzkrankheit S. 26	siehe Bakterienbrand
Nußschalen unvollkommen ausgebildet, dünn, teilweise gelöchert.	Dünnschaligkeit, »Papiernüsse« (physiologische Störung)	Bekämpfung mit chemischen Pflanzenschutzmitteln nicht möglich. Ungünstige Wachstumsbedingungen, die noch nicht geklärt sind.

Allgemein verbreitete Gemüsekrankheiten und -schädlinge

In folgender Tabelle sind die Krankheiten und Schädlinge aufgeführt, die an vielen Gemüsearten vorkommen können. Artspezifische Schaderreger finden Sie unter den jeweiligen Kulturen.

Schadbild	Ursache	Abwehr
Saat keimt ungleichmäßig. Aufgelaufene Sämlinge kippen um und sterben ab. Am Stammgrund braune bis schwarze Verfärbungen oder deutlich sichtbare Einschnürungen. Auf der Bodenoberfläche oft weißlichgraue, spinngewebartige bzw. watteähnliche Pilzfäden.	Verschiedene Bodenpilze, auch Vermehrungspilze genannt. Pilzkrankheit S. 26	Phytox Super, B 4, Wz 0; Polyram Combi, B 4, Wz 0; (Überschußbeizung)
Fraßschäden an Sämlingen, am Wurzelhals oder an Würzelchen.	Tausendfüßler Tierischer Schädling S. 29	Ködern mit Scheiben von Möhren oder Kartoffeln, versteckt unter umgestülpten Blumentöpfen. Streuen von Schneckenkorn Mesurol.
Junge Pflänzchen aus dem Boden herausgewühlt. Im Boden fingerdicke Gänge.	Maulwurfsgrille Tierischer Schädling S. 30	Cortilan neu, 25 g/m^2, B 3, Wz 0, keine Anwendung in Möhren (Möhrennachbau nach 2 Jahren)! Von April bis Mai Gläser oder Büchsen ebenerdig eingraben. Nester ausheben.
Keimblätter, Wurzeln und unterirdische Stengelteile befressen.	Springschwänze Tierischer Schädling S. 30	Anwendung von chemischen Pflanzenschutzmitteln in den meisten Fällen nicht notwendig.
Nageschäden an jungen Sämlingen und an deren Wurzeln.	Ameisen Tierischer Schädling S. 35	Für die Anwendung in Gemüse sind keine Präparate zugelassen. Falls erforderlich, behandeln mit Bromophos-Präparaten wie z. B. Blattlaus-Vernichter Nexion, B 1 oder Insekten-Stäubemittel Nexion, B 1. Wartezeiten beachten!
Pflanzen bleiben im Wuchs zurück und kümmern herdweise. Wurzeln sind verbräunt und größtenteils abgestorben. Bei Erbsen, Möhren, Petersilie, Schwarzwurzeln, Zwiebeln u. a.	Wurzelälchen, freilebend und ohne Zystenbildung. Tierischer Schädling S. 27	Eine wirksame Bekämpfung mit chemischen Pflanzenschutzmitteln ist nicht möglich.
Pflanzen bleiben im Wuchs zurück und kümmern herdweise. Wurzeln mit gallenähnlichen Anschwellungen von unterschiedlicher Größe.	Wurzelgallenälchen Tierischer Schädling S. 27	Keine Bekämpfungsmöglichkeiten.

◁ Florfliegenlarve vertilgt eine Blattlaus.

Gemüse

Maulwurfsgrille in ihrem Gang

Schadbild	Ursache	Abwehr
Wurzeln abgefressen. Junge Pflänzchen aus dem Boden herausgewühlt.	Maulwurfsgrille Tierischer Schädling S. 30	Cortilan neu, 25 g/m², B 3, Wz 0, keine Anwendung in Möhren (Möhrennachbau nach 2 Jahren)! Von April bis Mai Gläser oder Büchsen ebenerdig eingraben. Nester ausheben.
Wurzeln abgefressen. Fraßschäden an Knollen bzw. Rüben breitflächig und oberflächig (nicht tiefergehend).	Engerlinge Tierischer Schädling S. 34	Bekämpfung mit chemischen Pflanzenschutzmitteln im Hausgarten ist nicht möglich.
Unterirdische Pflanzenteile abgefressen. Pflanzen sterben ab. Gänge im Erdreich sichtbar.	Wühl- oder Schermaus Tierischer Schädling S. 38	Aufstellen von Fallen, Auslegen von Ködern (niemals offen auslegen). Anwendung von Begasungsmitteln. Gebrauchsanweisungen genau beachten.
Stengel und/oder Blattstiele verdickt, verdreht und gelegentlich aufgerissen.	Stengelälchen Tierischer Schädling S. 27	Eine wirksame Bekämpfung ist mit chemischen Pflanzenschutzmitteln im Kleingarten nicht möglich.

Schäden durch Wurzelgallenälchen ▷

Springschwanz

Schneckeneier und Jungtiere

Schadbild	Ursache	Abwehr
Schabe- oder auch Lochfraß mit Schleimspuren. Auch Stengel können Fraßschäden zeigen.	Schnecken Tierischer Schädling S. 37	Anwendung von Ködermitteln, z. B. Schneckenkorn Mesurol, 3 g/10 m^2, B 3; Schneckenkorn Helarion, 3 g/10 m^2, B 3; Schnecken-Lösung Limagard (besteht aus Schneckenlockstoff, Pflanzenextrakten und Aethyl-Alkohol); Fanglöcher im Abstand von 4–5 m anlegen.

Fruchtgemüse

Bohnen

Standort: Sonnig bis halbschattig.
Boden: Gut gelockert.
Gute Nachbarn: Endivien- und Kopfsalat, Gurken, Kohl, Kohlrabi und Tomaten.
Schlechte Nachbarn: Erbsen, Fenchel, Knoblauch, Lauch und Zwiebeln.
Aussaaten: Die Bodentemperaturen sollen zum Zeitpunkt der Aussaat wenigstens 10–12 °C betragen. Dies ist in aller Regel erst ab Mitte/Ende Mai der Fall. Die Saattiefe liegt bei 2–4 cm.
Bei den Stangenbohnen legt man die Reihen in Nord/Süd-Richtung und erreicht damit einen guten Windschutz. Entscheidet man sich für eine Ost/West-Richtung, nimmt man den anderen Pflanzen am wenigsten Licht. Der Reihenabstand bei Stangenbohnen beträgt 1–2 m, der Abstand innerhalb der Reihen 50 cm, man verwendet in der Regel Bohnenstangen mit einer Länge von 2,50 m.
Pro Bohnenstange werden im Kreis 6–8 Körner gelegt.
Buschbohnen werden in Horsten ausgelegt und zwar jeweils 5–7 Korn. Der Abstand innerhalb der Reihen beträgt 30–40 cm, der Abstand von Reihe zu Reihe 60–75 cm.
Die letzten Bohnen können noch etwa Mitte Juli gesät werden.

Schadbild	Ursache	Abwehr
Junge Pflanzen zerhackt und vernichtet.	Krähen Tierischer Schädling S. 37	Saatgut beizen mit Morkit: 2 g/kg Saatgut, B 3, Wz 0.
Keimblätter bereits beim Auflaufen, meistens noch unterirdisch, von Maden befressen. Maden können auch im Stengel des Keimlings sitzen. Früh gesäte Bohnen besonders gefährdet, kühle Witterung fördert den Befall.	Bohnenfliege Tierischer Schädling S. 36	Nicht auf frisch gedüngte Flächen aussäen. Beizen mit Nexion Saatgutpuder (Überschußbeizung).

Sklerotinia an Bohne

Die Bohnenfliege befällt schon ganz junge Keimlinge.

Schadbild	Ursache	Abwehr
Pflänzchen welken und sterben ab. Wurzeln abgenagt oder abgefressen. Oft werden Sämlinge abgefressen, ehe sie die Bodenoberfläche erreicht haben.	Drahtwurm Tierischer Schädling S. 34	Nexion Streumittel, 20 g/m^2, streuen vor der Saat bzw. vor der Pflanzung und leicht einarbeiten. Ködern und absammeln. Man verwendet dazu aufgeschnittene Kartoffelhälften, die ca. 3–5 cm tief eingegraben werden, Schnittfläche nach unten. Auch Salat-Setzlinge dienen als Fangpflanzen.
Stengelgrund und Wurzeln dunkelbraun verfärbt, später vermorscht. Kümmerlicher Wuchs, Pflanzen vergilben, welken und sterben ab.	Fußkrankheiten, z. B.: *Ascochyta-, Fusarium-, Pythium-, Mycosphaerella-, Rhizoctonia*-Pilze. Pilzkrankheit S. 26	Phytox Super, B 4, Wz 0; Polyram Combi, B 4, Wz 0; (Überschußbeizung).
Wurzelhals teils ober- oder auch unterirdisch abgefressen.	Erdraupen Tierischer Schädling S. 35	Cortilan neu, 20 g/m^2, B 3, Wz 0, nicht in stehenden Kulturen; Regelmäßige Bodenbearbeitung. Bretter oder Tücher als Unterschlupf auf den Boden legen. Raupen absammeln. Spät am Abend (bei feuchter Witterung) spritzen mit Neudorff's-Raupenspritzmittel, 1 g/l, B 4, W 2, Wz 0.

Schaden durch Spinnmilben

Schwarze Bohnenlaus

Fruchtgemüse

Schadbild	Ursache	Abwehr
Faulstellen mit schneeweißem, watteartigem Pilzgeflecht. Später sind auf oder in den Befallsstellen gräulichschwarze, unterschiedlich große, harte »Kügelchen« (Sklerotien = Dauerformen des Pilzes) zu finden.	Sklerotinia-Stengelfäule, *Sclerotinia spec.* Pilzkrankheit S. 26	Bekämpfung mit chemischen Pflanzenschutzmitteln kaum möglich. Ronilan 1 g/l, B 4, Wz 7; zur Befallsminderung.
Faulstellen mit dichtem, mausgrauem Sporenbelag auf Stengel und Blättern.	Grauschimmelfäule, *Botrytis cinerea* Pilzkrankheit S. 26	Ronilan, 1 g/l, B 4, Wz 7.
Rostpusteln von rotbrauner oder schwarzer Farbe. Auch Stengel können befallen werden. Befallene Pflanzenteile sterben ab.	Rostpilze, *Puccinia spec.* u. a. Pilzkrankheit S. 32	Keine zugelassenen Präparate im Handel. Weit gestellte Fruchtfolge, Boden mulchen, Anbau resistenter Sorten.
Blattoberseits weißlichgelbliche Sprenkelung; unterseits rötlich bzw. grünlichgelbe Tiere, oft mit feinem Gespinst. Blätter werden gelb, braun und vertrocknen.	Spinnmilben Tierischer Schädling S. 28	Schädlingsfrei Parexan, 1 ml/l, B 4, Wz 3; Spruzit flüssig, 1 ml/l, B 4, Wz 3; Spruzit-Staub, 2,5 g/m^2, B 4, Wz 3; Rotenol-Emulsion, 1 ml/l, B 4, Wz 3; Rotenol-Staub, 2,5 g/m^2, B 4, Wz 3.
Blattunterseits weiße, bepuderte, ca. 2 mm lange, geflügelte Insekten. Auch unbewegliche Larven und puppenähnliche Stadien. Blätter klebrig (Honigtau) mit schwarzem Überzug (Rußtau).	Weiße Fliege Tierischer Schädling S. 32	Keine Bekämpfung mit chemischen Pflanzenschutzmitteln erforderlich.

Brennfleckenkrankheit an der Bohne

Fraßschäden des Speisebohnenkäfers

Schadbild	Ursache	Abwehr
Mosaikscheckungen und Deformationen durch Blattverschmälerung bzw. Verdrehungen. Blätter vergilben, vertrocknen und sterben ab.	Bohnenmosaik Virose S. 25	Keine Bekämpfung möglich. Befallene Pflanzen vernichten.
Blätter deformiert, gerollt oder gekräuselt. Auch Triebspitzen gekrümmt. Zumeist blattunterseits Blattläuse, die verschieden gefärbt sein können. Befallene Pflanzenteile oft klebrig (Honigtau) und mit schwarzem Überzug versehen (Rußtau).	Blattläuse Tierischer Schädling S. 30	Schädlingsfrei Parexan, 1 ml/l, B 4, Wz 3; Spruzit flüssig, 1 ml/l, B 4, Wz 3; Spruzit-Staub, 2,5 g/m^2, B 4, Wz 3; Rotenol-Emulsion, 1 ml/l, B 4, Wz 3; Rotenol-Staub, 2,5 g/m^2, B 4, Wz 3; Brennessel-Brühe: siehe S. 19, Schmierseifen-Brühe: siehe S. 19. Einzelne befallene Triebe ausbrechen.
Auf den Blättern kleine, wässrig durchscheinende, eckige Fleckchen mit ausgeprägtem gelben Rand. Flecken fließen ineinander, Blätter werden braun, vertrocknen und sterben ab. Fast kein Hülsenansatz. Hülsen und Stengel mit dunkelgrünen, fettigen Flecken. Samen mit braunen, eingesunkenen Stellen. Bei feuchtwarmer Witterung können auf den Fleckchen schleimige Tröpfchen (Bakterienschleim) entstehen.	Fettfleckenkrankheit, *Pseudomonas spec.* Bakteriose S. 26	Keine Bekämpfungsmöglichkeit. Weit gestellte Fruchtfolge, Anbau resistenter Sorten.
An Hülsen, Stengel oder Blättern zunächst kleine, später größer werdende, eingesunkene, braune Flecken mit schwarzen oder manchmal auch rötlichem Hof. Samen ebenfalls fleckig, keimt nicht oder nur schlecht.	Brennfleckenkrankheit, *Colletotrichum lindemuthianum* Pilzkrankheit S. 26	Phytox Super, B 4, Wz 0; Polyram Combi, B 4, Wz 0; (Überschußbeizung) Phytox Super, 2 g/l, B 4, Wz 7 bei beginnender Hülsenbildung 2 × im Abstand von 8–10 Tagen, befallsmindernd. Weitgestellte Fruchtfolge, Anbau resistenter Sorten.
Runde Löcher oder »Fenster«, unter denen sich Larven, Puppen oder Käfer befinden.	Speisebohnenkäfer Tierischer Schädling S. 34	Keine Bekämpfung mit chemischen Pflanzenschutzmitteln erforderlich. Befallenes Saatgut vernichten.

Weitere Krankheiten und Schädlinge S. 83–85: Auflaufkrankheiten, Maulwurfsgrillen, Raupen, Schnecken, Springschwänze.

Erbsen

Standort: Sonnig. Nur dort Erbsen pflanzen, wo die letzten beiden Jahre keine gestanden haben.
Boden: Nahrhaft, trocken und kalkhaltig.
Gute Nachbarn: Fenchel, Gurken, Kohl, Kopfsalat und Möhren.
Aussaat: Von März–Juni (Pal- und Zuckererbsen Mitte März bis Mitte April – Markerbsen ab Mitte April bis Ende Juni). Die Samen werden ca. 5 cm tief in den Boden gelegt. Dies dient zum Schutz vor Vogelfraß (besonders Tauben). Aussaat erfolgt in Rillen, wobei der Abstand in der Rille von Erbsenkorn zu Erbsenkorn 3 cm beträgt. Der Reihenabstand beträgt 30–40 cm.
Sind die Pflanzen ca. 15 cm hoch, wird angehäufelt und Reisig oder Drähte angebracht, die den Pflanzen Halt bieten.

Schadbild	Ursache	Abwehr
Junge Pflanzen zerhackt und vernichtet.	Krähe Tierischer Schädling S. 37	Saatgut beizen mit: Morkit, 2 g/kg Saatgut, B 3, Wz 0.
Stengelgrund und Wurzeln dunkel braun verfärbt, später vermorscht. Kümmerlicher Wuchs, Pflanzen vergilben, welken und sterben ab.	Fußkrankheiten, z. B.: *Ascochyta-, Fusarium-, Pythium-, Mycosphaerella-, Rhizoctonia*-Pilze Pilzkrankheit S. 26	Phytox Super, B 4, Wz 0; Polyram Combi, B 4, Wz 0. (Überschußbeizung)
Pflänzchen welken und sterben ab. Wurzeln angenagt oder abgefressen. Oft werden Sämlinge abgefressen, ehe sie die Bodenoberfläche erreicht haben.	Drahtwurm Tierischer Schädling S. 34	Nexion Streumittel (20 g/m^2) streuen vor der Saat bzw. vor der Pflanzung und leicht einarbeiten, nicht in stehende Kulturen. Ködern und absammeln. Man verwendet dazu aufgeschnittene Kartoffelhälften, die ca. 3–5 cm tief eingegraben werden und zwar mit der Schnittfläche nach unten. Auch Salat-Setzlinge dienen als Fangpflanzen.
An Jungpflanzen sind die Blätter vom Blattrand her bogenförmig angefressen. Gelegentlich werden auch Blattrippen und Triebspitzen auf diese Weise geschädigt.	Erbsenblattrandkäfer Tierischer Schädling S. 34	Keine Bekämpfung erforderlich. Weit gestellte Fruchtfolge.
Blätter ober- und unterseits mit mehlartigem Belag versehen, der abwischbar ist. Sie verbräunen und vertrocknen. In fortgeschrittenerem Stadium können auch Stengel, Blüten und Früchte befallen sein.	Echter Mehltau, *Erysiphe spec.* u. a. Pilzkrankheit S. 26	Netzschwefel Präparate, 2,5 g/l, B 4, Wz 7.

Brennfleckenkrankheit an der Erbse

Schadbild	Ursache	Abwehr
Blätter deformiert, gerollt oder gekräuselt. Auch Triebspitzen gekrümmt. Zumeist blattunterseits Blattläuse, die verschieden gefärbt sein können. Befallene Pflanzenteile oft klebrig (Honigtau) und mit schwarzem Überzug versehen (Rußtau).	Erbsenblattlaus Tierischer Schädling S. 30	Schädlingsfrei Parexan, 1 ml/l, B 4, Wz 3; Spruzit flüssig, 1 ml/l, B 4, Wz 3; Spruzit-Staub, 2,5 g/m^2, B 4, Wz 3; Rotenol-Emulsion, 1 ml/l, B 4, Wz 3; Rotenol-Staub, 2,5 g/m^2, B 4, Wz 3; Brennessel-Brühe: siehe S. 19, Schmierseifen-Brühe: siehe S. 19. Einzelne befallene Triebe ausbrechen.
Runde Löcher oder aber »Fenster« in den Hülsen, unter denen sich Larven, Puppen oder Käfer befinden.	Erbsenkäfer Tierischer Schädling S. 34	Schädlingsfrei Parexan, 1 ml/l, B 4, Wz 3; Spruzit flüssig, 1 ml/l, B 4, Wz 3; Spruzit-Staub, 2,5 g/m^2, B 4, Wz 3; Rotenol-Emulsion, 1 ml/l, B 4, Wz 3; Rotenol-Staub, 2,5 g/m^2, B 4, Wz 3. Absammeln.

Fruchtgemüse

Von Erbsenwicklern vernichtete Ernte

Schadbild	Ursache	Abwehr
Hülsen, Stengel und auch Blätter hellbraune, eingesunkene Flecken mit dunklem Rand. Samen braun bis braungelb gefleckt.	Brennfleckenkrankheit, *Ascochyta spec.* bzw. *Mycosphaerella pinodes* Pilzkrankheit S. 26	Phytox Super, B 4, Wz 0; Polyram Combi, B 4, Wz 0; (Überschußbeizung). Phytox Super, 2 g/l, B 4, Wz 7, bei beginnender Hülsenbildung 2 × im Abstand von 8–10 Tagen wirkt befallsmindernd. Weitgestellte Fruchtfolge, Anbau resistenter Sorten.
Junge Hülsen taub, ältere mißgestaltet, übersät mit silbrigen Fleckchen, die sich später braun verfärben und korkig werden. Blüten verkrüppelt. Junge Pflänzchen mit gestauchtem Wuchs.	Erbsenblasenfuß (Thrips) Tierischer Schädling S. 30	Schädlingsfrei Parexan, 1 ml/l, B 4, Wz 3; Spruzit flüssig, 1 ml/l, B 4, Wz 3; Spruzit-Staub, 2,5 g/m^2, B 4, Wz 3; Rotenol-Emulsion, 1 ml/l, B 4, Wz 3; Rotenol-Staub, 2,5 g/m^2, B 4, Wz 3.
Samen bereits in den Hülsen von kleinen, weißlichgelben oder hellgrünen Räupchen zerfressen.	Erbsenwickler Tierischer Schädling S. 35	Frühe Aussaat mit Anbau schnellabblühender Sorten in windoffenen Lagen.

Gemüsemais

Standort: Sonnig.
Boden: Tiefgründig und sehr nahrhaft.
Gute Nachbarn: Bohnen, Gurken, Melonen, Tomaten.
Aussaat: Anfang Mai. In ca. 5 cm tiefe Rillen werden im Abstand von 10 cm jeweils 2–3 Körner gelegt. Später werden die Reihen ausgedünnt, so daß von Pflanze zu Pflanze ca. 30–40 cm Abstand bestehen. Der Abstand von Reihe zu Reihe beträgt ca. 70–80 cm.
Bestäubung: Der Mais als Windbestäuber benötigt zur Bestäubung genügend Artgenossen in seiner Nähe.

Schadbild	Ursache	Abwehr
Bohrlöcher im Stengel, aus denen Bohrmehl austritt; darin ca. 2,5 cm lange Raupen, die später auch die Kolben zerfressen.	Maiszünsler Tierischer Schädling S. 35	Keine zugelassenen Präparate. Fruchtfolge einhalten.
An Stengeln und Blättern große, weißlichgraue, beulenartige Auftreibungen, aus denen schwarzes Sporenpulver austritt.	Maisbeulenbrand, *Ustilago maydis* Pilzkrankheit S. 26	Keine zugelassenen Präparate!

Gurken

Standort: Sonnig, warm und windgeschützt. Gurken sollen nur alle 4 Jahre auf dasselbe Beet gesät werden.
Boden: Feucht-humos, gut mit Nährstoffen versorgt. Gurken zählen zu den Starkzehrern.
Gute Nachbarn: Bohnen, Kohl, Lauch, Rote Beete, Salat und Dill.
Schlechte Nachbarn: Tomaten.
Aussaat: Frühester Aussaattermin für das Freiland: Anfang oder Mitte Mai. Die Gurkenkerne werden 2–3 cm tief in Rillen ausgesät und zwar alle 30 cm etwa 3–4 Körner. Diese Horste werden dann später auf 1 bis höchstens 2 Pflänzchen pro Horst ausgedünnt. Der Reihenabstand beträgt 1,20 m.
Gurken werden bitter, wenn die Pflanzen durch Wachstumsstockungen (z. B. Wassermangel) nicht zügig wachsen können.

Schadbild	Ursache	Abwehr
Faulstellen an den Stengeln mit schneeweißem, watteartigem Pilzgeflecht. Später auf oder in den Befallsstellen gräulichschwarze, unterschiedlich große, harte »Kügelchen« (Sklerotien = Dauerformen des Pilzes).	Sklerotinia-Stengelfäule, *Sclerotinia spec.* Pilzkrankheit S. 26	Keine Präparate zugelassen. Kranke Pflanzen entfernen.

Spinnmilben; die Knospe der Gurke ist mit einem Gespinst überzogen.

Spinnmilbenschaden an den Blättern

Schadbild	Ursache	Abwehr
Auf der Blattunterseite sind weiße, bepuderte, ca. 2 mm lange, geflügelte Insekten sowie unbewegliche Larven und puppenähnliche Stadien. Befallene Blätter sind sehr oft klebrig (Honigtau) und mit schwarzem Überzug versehen (Rußtau).	Weiße Fliege Tierischer Schädling S. 32	Keine Bekämpfung mit chemischen Pflanzenschutzmitteln erforderlich.
Blattoberseits weißlichgelbliche Sprenkelung. Blattunterseits rötlich bzw. grünlichgelbe Tiere, oft mit feinem Gespinst. Blätter werden gelb, braun und vertrocknen.	Spinnmilben Tierischer Schädling S. 28	Schädlingsfrei Parexan, 1 ml/l, B 4, Wz 3; Spruzit flüssig, 1 ml/l, B 4, Wz 3; Spruzit-Staub, 2,5 g/m², B 4, Wz 3; Rotenol-Emulsion, 1 ml/l, B 4, Wz 3; Rotenol-Staub, 2,5 g/m², B 4, Wz 3.
Blätter hell- oder dunkelgrün gescheckt und gekräuselt.	Gurkenmosaik Virose S. 25	Keine Bekämpfungsmöglichkeiten, befallene Pflanzen vernichten.
Ober- und unterseits mit mehlartigem Belag versehen, der abwischbar ist. Blätter verbräunen und vertrocknen. Auch Stengel, Blüten und Früchte können befallen werden.	Echter Mehltau, *Erysiphe spec.* u. a. Pilzkrankheit S. 26	Bio Blatt Mehltaumittel, 1,5 ml/l, B 4, Wz 3; Euparen, 2 g/l, B 4, Wz 3; Netzschwefel-Präparat, 2,5 g/l, B 4, Wz 3; Saprol, 1,5 ml/l, B 4, Wz 3.
Auf der Blattoberseite erscheinen stellenweise hellgelbe Flecken, die später nachdunkeln. Befallene Blätter gehen in Fäulnis über. Unterseits tritt ein weißgrauer, flockiger Schimmelbelag auf. Auch Stengel können befallen werden.	Falscher Mehltau, *Bremia spec.* u. a. Pilzkrankheit S. 26	Dithane Ultra, 2 g/l, B 4, Wz 4.
Blätter deformiert, gerollt oder gekräuselt. Auch Triebspitzen gekrümmt. Zumeist blattunterseits Blattläuse, die verschieden gefärbt sein können. Befallene Pflanzenteile oft klebrig (Honigtau) und mit schwarzem Überzug versehen (Rußtau).	Blattläuse Tierischer Schädling S. 30	Schädlingsfrei Parexan, 1 ml/l, B 4, Wz 3; Spruzit flüssig, 1 ml/l, B 4, Wz 3; Spruzit-Staub, 2,5 g/m², B 4, Wz 3; Rotenol-Emulsion, 1 ml/l, B 4, Wz 3; Rotenol-Staub, 2,5 g/m², B 4, Wz 3. Brennessel-Brühe: siehe S. 19, Schmierseifen-Brühe: siehe S. 19. Einzelne befallene Triebe ausbrechen.

Echter Mehltau; rechtes Blatt befallen

Sklerotinia an Gurke

Schadbild	Ursache	Abwehr
Relativ große, rundliche helle Brennflecken, die zusammenfließen und regelrecht ausfallen können. Mit der Lupe sind auf den Blattflecken rosa gefärbte Sporenhäufchen erkennbar.	Brennfleckenkrankheit, *Colletotrichum lagenarium* Pilzkrankheit S. 26	Keine zugelassenen Präparate.
Eingesunkene Flecken, darauf samtartiger, schwarzgrüner Pilzbelag, oft auch Gummitröpfchen. Früchte verkrüppeln. Gelegentlich sind die Fleckchen auf Stengeln und Blättern.	Gurkenkrätze, *Cladosporium cucumerinium* Pilzkrankheit S. 26	Phytox Super, B 4, Wz 0; Polyram Combi, B 4, Wz 0. (Überschußbeizung)
Glasige Flecken mit dichtem, mausgrauen Schimmelbelag überzogen. Naßfäule.	Grauschimmel, *Botrytis cinerea* Pilzkrankheit S. 26	Euparen, 2 g/l, B 4, Wz 4.

Weitere Krankheiten und Schädlinge S. 33–34: Auflaufkrankheit, Springschwänze, Wurzelgallenälchen.

Kürbis

Standort: Sonnig, warm und windgeschützt. Kürbisse sollen nur alle 4 Jahre auf dasselbe Beet.
Boden: Feucht-humos, gut mit Nährstoffen versorgt. Kürbisse zählen zu den Starkzehrern.
Gute Nachbarn: Mais, Stangenbohnen und Zwiebeln.
Aussaat: Als frühesten Aussaattermin für das Freiland gilt Anfang oder Mitte Mai. Kürbisse benötigen viel Platz. Je nach Sorte bis zu 4 m^2/Pflanze. Regelmäßige Wasserversorgung ist unbedingt erforderlich.

Schadbild	Ursache	Abwehr
Faulstellen mit schneeweißem, watteartigem Pilzgeflecht. Später auf oder in den Befallsstellen gräulichschwarze, unterschiedlich große, harte »Kügelchen« (Sklerotien).	Sklerotinia-Stengelfäule, *Sclerotinia spec.* Pilzkrankheit S. 26	Keine Präparate zugelassen. Kranke Pflanzen entfernen!

Schadbild	Ursache	Abwehr
Blattober- und -unterseite mit mehlartigem Belag versehen, der abwischbar ist. Blätter verbräunen und vertrocknen. Auch Stengel, Blüten und Früchte können befallen werden.	Echter Mehltau, Gurkenmehltau, *Erysiphe spec.* u. a. Pilzkrankheit S. 26	Bio Blatt Mehltaumittel, 1,5 m/l, B 4, Wz 3; Euparen, 2 g/l, B 4, Wz 3; Netzschwefel-Präparat, 2,5 g/l, B 4, Wz 3; Saprol, 1,5 ml/l, B 4, Wz 3.
Blattoberseits stellenweise hellgelbe Flecken, die später nachdunkeln. Befallene Blätter gehen in Fäulnis über. Unterseits weißgrauer flockiger Schimmelbelag. Auch Stengel können befallen werden.	Falscher Mehltau, *Bremia spec.* u. a. Pilzkrankheit S. 26	Dithane Ultra, 2 g/l, B 4, Wz 4.
Blätter deformiert gerollt oder gekräuselt. Auch Triebspitzen gekrümmt. Zumeist Blattunterseits Blattläuse, die verschieden gefärbt sein können. Befallene Pflanzenteile oft klebrig (Honigtau) und mit schwarzem Überzug versehen (Rußtau).	Blattläuse Tierischer Schädling S. 30	Schädlingsfrei Parexan, 1 ml/l, B 4, Wz 3; Spruzit flüssig, 1 ml/l, B 4, Wz 3; Spruzit-Staub, 2,5 g/m², B 4, Wz 3; Rotenol-Emulsion, 1 ml/l, B 4, Wz 3; Rotenol-Staub, 2,5 g/m², B 4, Wz 3. Brennessel-Brühe: siehe S. 19, Schmierseifen-Brühe: siehe S. 19. Einzelne befallene Triebe ausbrechen.
Blattoberseits weißlichgelbliche Sprenkelung; unterseits rötlich bzw. grünlichgelbe Tiere, oft mit feinem Gespinst. Blätter werden gelb, braun und vertrocknen.	Spinnmilben Tierischer Schädling S. 28	Schädlingsfrei Parexan, 1 ml/l, B 4, Wz 3; Spruzit flüssig, 1 ml/l, B 4, Wz 3; Spruzit-Staub, 2,5 g/m², B 4, Wz 3; Rotenol-Emulsion, 1 ml/l, B 4, Wz 3; Rotenol-Staub, 2,5 g/m², B 4, Wz 3.
Blattunterseits weiße und bepuderte, ca. 2 mm lange, geflügelte Insekten. Auch unbewegliche Larven und puppenähnliche Stadien. Befallene Blätter klebrig (Honigtau) und mit schwarzem Überzug versehen (Rußtau).	Weiße Fliege Tierischer Schädling S. 32	Keine Bekämpfung mit chemischen Pflanzenschutzmitteln erforderlich.
Relativ große, rundliche, helle Brennflecken, die zusammenfließen und regelrecht ausfallen können. Mit der Lupe sind auf den Blattflecken rosa gefärbte Sporenhäufchen erkennbar.	Brennfleckenkrankheit, *Colletotrichum lagenarium* Pilzkrankheit S. 26	Keine Präparate zugelassen.

Fruchtgemüse

Schadbild	Ursache	Abwehr
Auf den Früchten eingesunkene Flecken mit einem samtartigen, schwarzgrünen Pilzbelag. Oft auf den Flecken auch Gummitröpfchen. Früchte verkrüppeln. Gelegentlich findet man die Fleckchen auch auf Stengeln und Blättern.	Gurkenkrätze, *Cladosprorium cucumerinium* Pilzkrankheit S. 26	Phytox Super, B 4, Wz 0; Polyram Combi, B 4, Wz 0. (Überschußbeizung)
Glasige Flecken auf Kürbissen mit dichtem, mausgrauen Schimmelbelag überzogen. Naßfäule!	Grauschimmel, *Botrytis cinerea* Pilzkrankheit S. 26	Euparen, 2 g/l, B 4, Wz 3. Unterlegen der reifenden Früchte mit einem Brettchen.

Weitere Krankheiten und Schädlinge: Wurzelgallenälchen S. 83.

Tomaten

Standort: Sonnig und geschützt.
Boden: Humos, durchläßig und nahrhaft.
Gute Nachbarn: Knoblauch, Kohl, Lauch, Petersilie, Salat, Radieschen, Rettich, Spinat.
Schlechte Nachbarn: Fenchel; es ist günstig, wenn Tomaten immer wieder auf derselben Fläche angepflanzt werden.
Aussaaten: Tomaten sind kälteempfindlich und können im Freiland nicht ausgesät werden. Gepflanzt wird Mitte bis Ende Mai. Der Abstand in der Reihe beträgt je nach Sorte 50–80 cm. Der Reihenabstand beträgt 0,8–1 m.
Stutzen: Damit die Früchte nicht zu klein werden, werden die Pflanzen 2 Blätter oberhalb des 4. oder 5. Blütenstandes eingekürzt. Seitentriebe entfernen (Ausnahme: Buschtomaten).

Am Stammgrund dunkler und eingesunkener Fleck. Später im Herbst, auch obere Stengelteile befallen. Manchmal auch auf den Früchten vom Stiel her dunkler fauliger Fleck. Besonders stark bei regnerischem Wetter.	Stengelfäule, *Didymella lycopersici* Pilzkrankheit S. 26	Grünkupfer Präparate, 5 g/l, B 4, Wz 7.
Blätter rollen sich nach innen zusammen.	Witterungsbedingungen, zu starkes Ausgeizen	Harmlos, keine Beeinträchtigung des Ertrages. Kann manchmal durch ausreichende Wassergaben beseitigt werden.
Mosaikartige Scheckungen.	Viruskrankheiten, werden durch Blattläuse oder mit dem Samen übertragen. Virose S. 25	Keine Bekämpfungsmöglichkeiten, befallene Pflanzen entfernen und vernichten. Blattläuse und Thripse, die den Virus von kranken Pflanzen auf Gesunde übertragen können, bekämpfen.

	Schadbild	Ursache	Abwehr
(Symbol: Blatt)	Meist an Blattunterseite verschieden gefärbte Blattläuse. Triebspitzen und Blätter können deformiert sein.	Blattläuse Tierischer Schädling S. 30	Schädlingsfrei Parexan, 1 ml/l, B 4, Wz 3; Spruzit flüssig, 1 ml/l, B 4, Wz 3; Spruzit-Staub, 2,5 g/m², B 4, Wz 3; Rotenol-Emulsion, 1 ml/l, B 4, Wz 3; Rotenol-Staub, 2,5 g/m², B 4, Wz 3. Brennessel-Brühe: siehe S. 19, Schmierseifen-Brühe: siehe S. 19. Einzelne befallene Triebe ausbrechen.
	Blattoberseits weißlichgelbliche Sprenkelung. Blattunterseits rötlich bzw. grünlichgelbe Tiere, oft mit feinem Gespinst. Blätter werden gelb, braun und vertrocknen.	Spinnmilben Tierischer Schädling S. 28	Spruzit flüssig, 1 ml/l, B 4, Wz 3; Spruzit-Staub, 2,5 g/m², B 4, Wz 3; Rotenol-Emulsion, 1 ml/l, B 4, Wz 3; Rotenol-Staub, 2,5 g/m², B 4, Wz 3.

Tomatenpflanze; von Weißer Fliege befallen

Fruchtgemüse

Schadbild	Ursache	Abwehr
Blattunterseits weiße und bepuderte, ca. 2 mm lange, geflügelte Insekten. Auch unbewegliche Larven und puppenähnliche Stadien. Befallene Blätter klebrig (Honigtau) und mit schwarzem Überzug versehen (Rußtau).	Weiße Fliege Tierischer Schädling S. 32	Bekämpfung nicht erforderlich.
Blätter von der Spitze oder vom Rand her braune Flecken. Bei feuchtwarmer Witterung blattunterseits weißlicher Schimmelbelag. Blätter vertrocknen bei trockenem Wetter und faulen bei Regenwetter. Früchte mit harten braunen, leicht eingesunkenen Flecken bis tief in das Fruchtfleisch.	Kraut- und Braunfäule, *Phytophthora infestans* Pilzkrankheit S. 26	Antracol, 2 g/l, B 4, Wz 7; Dithane Ultra, 2 g/l, B 4, Wz 3; Euparen, 2 g/l, B 4, Wz 3; Grünkupfer-Präparate, 5 g/l, B 4, Wz 7; Polyram Combi, 3 g/l, B 4, Wz 5. Nähe zu Kartoffeln meiden.
Unterste Blätter graubraun verfärbt, vertrocknet mit typischen konzentrischen Ringen. Blätter braun und eingerollt. An Früchten schwarze Faulflecken in der Nähe des Kelches.	Blatt- oder Dürrfleckenkrankheit, *Alternaria solani* Pilzkrankheit S. 26	Grünkupfer-Präparate, 5 g/l, B 4, Wz 7.

Die Kraut- und Braunfäule tritt witterungsbedingt häufig an Freilandtomaten auf.

Schaden durch ungünstige Wachstumsbedingungen

Geisterflecken; verursacht durch *Botrytis*

Schadbild	Ursache	Abwehr
Früchte platzen auf.	Ungünstige Wachstumsbedingungen, z. B. vorübergehende Trockenheit	Während der Fruchtausbildung gleichmäßig und ausreichend wässern.
Grünkragen, um den Stielansatz bei reifen Früchten grüner oder gelber Ring mit verhärtetem Fruchtfleisch.	Ungünstige Wachstumsbedingungen, z. B. Stickstoffüberdüngung bei starker Sonneneinstrahlung	Wenn Düngungsmaßnahmen erforderlich sind, diese abends durchführen.
Kleine gelbe, ringförmige Flecken. Bekannt unter der Bezeichnung »Geisterflecken«, »Wasserflecken« oder auch »Ringflecken«.	Grauschimmel, *Botrytis* Pilzkrankheit S. 26	Bekämpfung im Kleingarten nicht möglich.

Weitere Krankheiten und Schädlinge: Wurzelgallenälchen, Schnecken S. 83, 85.

Blatt- und Stengelgemüse

Gemüsekohl

Standort: Sonnig. Nur alle 3–4 Jahre sollten Kohlarten auf derselben Fläche angebaut werden.
Boden: Alle Kohlarten verlangen einen tiefgründigen, humusreichen Lehm- oder Tonboden, der ausreichend kalkversorgt sein muß. Mit Ausnahme von Kohlrabi sind alle anderen Kohlarten starkzehrende Pflanzen.
Kohl-Arten: Blumenkohl, Broccoli, Chinakohl, Grünkohl, Kohlrabi, Rosenkohl, Rotkohl, Weißkohl und Wirsing.
Gute Nachbarn: Erbsen, Kartoffeln, Lauch, Salat, Sellerie, Spinat und Tomaten.
Schlechte Nachbarn: Senfarten.
Aussaat/Pflanzung: Je nach Kohlart unterschiedlich. Der früheste Pflanztermin ist April.

	Schadbild	Ursache	Abwehr
	Kropfgeschwülste an den Wurzeln. Die Geschwülste sind innen nicht hohl! Pflanzen kümmern.	Kohlhernie, *Plasmodiophora brassicae* Pilzkrankheit S. 26	Spezial Kalkstickstoff, 100 g/m², 14 Tage vor dem Pflanzen streuen, einarbeiten. Boden feucht halten: Befallsminderung; weit gestellte Fruchtfolge.
	Wurzeln zum größten Teil abgefressen, Wurzelhals zerstört. Bei starkem Befall welken die Pflanzen und sterben ab. An den Fraßstellen weißliche Maden.	Kohlfliege Tierischer Schädling S. 36	Siehe Kohlgallenrüßler. Kohl erst nach Beendigung der Kastanienblüte pflanzen (Flugzeit der 1. Generation ist dann vorbei). Tief pflanzen und später etwas abhäufeln. Nicht auf frisch mit Mist gedüngte Flächen pflanzen. Anzucht mit Gaze überspannen: Eiablage wird verhindert. Kohlkragen um die Stengel anlegen und nach Eiablage entfernen.
	Oberhalb der Wurzeln am Stammgrund erbsengroße oder etwas größere Anschwellungen (Gallen). Die Gallen sind immer hohl und von weißen Larven mit braunem Kopf bewohnt. Schaden bereits beim Anpflanzen der Setzlinge feststellbar.	Kohlgallenrüßler Tierischer Schädling S. 34	Blattlaus-Vernichter Nexion, 1 ml/l, B 1, Wz 42; bei Kohlrabi: gießen, Wz 30; Insekten-Streumittel Nexion, 1 g/Pflanze, an den Wurzelhals nach dem Pflanzen, nicht ins Herz streuen, B 1, Wz 0. Weitgestellte Fruchtfolge.
	Stamm verkrümmt und verdreht. Befallene Pflanzen stocken im Wachstum. Schneidet man die Stengel der Länge nach auf, findet man die weißlichen Larven mit dunklem Kopf, die die Stengel oder auch Blattstiele hohlfressen.	Kohltriebrüßler Tierischer Schädling S. 34	Siehe Kohlgallenrüßler.

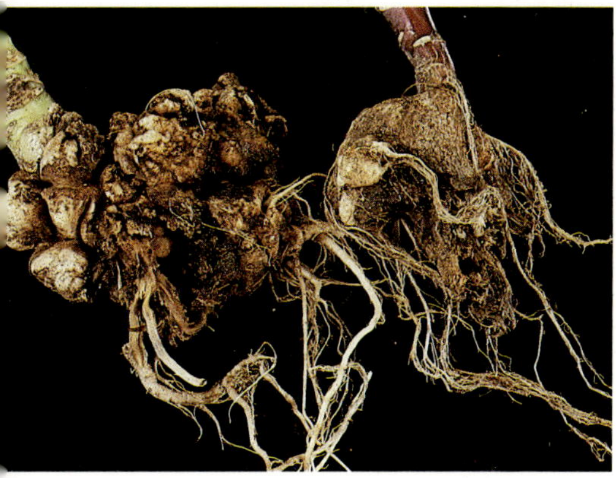

Kohlhernie; Geschwulste an den Wurzeln

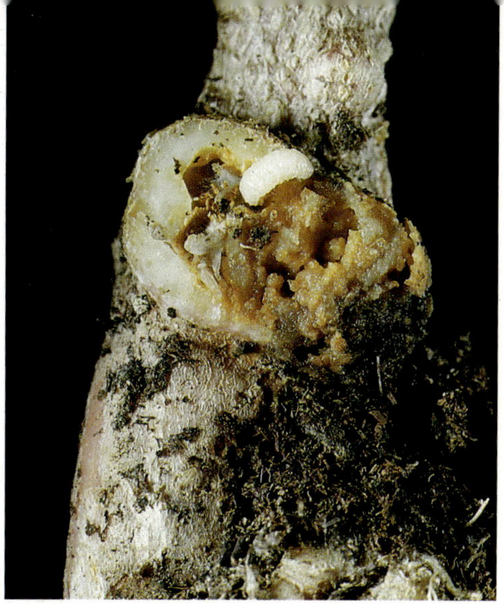

Kohlgallenrüßler; aufgeschnittene Galle mit Larve

Schadbild	Ursache	Abwehr
Stammgrund bzw. Wurzelhals teils ober- oder auch unterirdisch abgefressen.	Erdraupen Tierischer Schädling S. 35	Cortilan neu, 25 g/m², B 3, Wz 0, zwischen die Pflanzen streuen, Nachbau von Möhren erst wieder nach 2 Jahren. Regelmäßige Bodenbearbeitung; Bretter oder Tücher als Unterschlupf auf den Boden legen. Raupen absammeln. Abends bei feuchter Witterung Neudorffs-Raupenspritzmittel, 1 g/l, B 4, W 2, Wz 0.
Blätter hell gesprenkelt, bucklig aufgetrieben. Blattunterseits grauweiße mit Wachs bepuderte Blattläuse.	Mehlige Kohlblattlaus Tierischer Schädling S. 30	Blattlaus-Vernichter Nexion, 1 ml/m², B 1, Wz 14.
Blattunterseits schildlausähnliche Läuse, deren weiße, geflügelte Stadien dann hochfliegen, wenn man die Blätter bewegt.	Kohlmottenschildlaus Tierischer Schädling S. 32	Siehe Mehlige Kohlblattlaus.
Keimblättchen siebartig durchlöchert oder total zerstört. Wenn auch Stengelteile benagt, Kippen der Pflänzchen. Blätter an älteren Pflanzen werden vom Rande her befressen. Bei warmem und sonnigem Wetter lassen sich kleine gelbgestreifte oder blauschwarze Käferchen feststellen. Die Tiere besitzen Sprungbeine und können weit springen. Sämlinge werden oft bereits zerstört, ehe sie aus der Erde kommen.	Kohlerdfloh Tierischer Schädling S. 34	Schädlingsfrei Parexan, 1 ml/l, B 4, Wz 7; Spruzit flüssig, 1 ml/l, B 4, Wz 7; Spruzit-Staub, 2,5 g/m², B 4, Wz 7; Rotenol-Emulsion, 1 ml/l, B 4, Wz 7; Rotenol-Staub, 2,5 g/m², B 4, Wz 7.

Kohlfliege

Kohlweißling

Kohlkragen zur Kohlfliegenbekämpfung

Wenn die Kohlfliegeneier auf dem Kohlkragen abgelegt sind, werden die Kohlkragen entfernt.

Eier des Kohlweißlings

Kohlweißlingsraupen

Kohleule; typische Faßschäden am Kohlkopf

Schadbild	Ursache	Abwehr
Stielchen der Herzblätter verdreht, Blätter kräuseln sich, sind nach innen gedreht. Kopfbildung unterbleibt (Drehherzigkeit). Blumenkohl bildet keine Blumen. Bei Feuchtigkeit fault das sogenannte Drehherz.	Drehherzmücke Tierischer Schädling S. 36	Drei Spritzungen nach dem Pflanzen, jeweils im Abstand von 14 Tagen mit: Ambush, 0,1 ml/l, B 1, Wz 14, gezielt in das Herz der Pflanzen spritzen.
Fraß durch schwarzgelb gefärbte Schmetterlingsraupen, der bis zum Kahlfraß führen kann.	Großer Kohlweißling Tierischer Schädling S. 35	Schädlingsfrei Parexan, 1 ml/l, B 4, Wz 7; Spruzit flüssig, 1 ml/l, B 4, Wz 7; Spruzit-Staub, 2,5 g/m², B 4, Wz 7; Rotenol-Emulsion, 1 ml/l, B 4, Wz 7; Rotenol-Staub, 2,5 g/m², B 4, Wz 7; Neudorff's Raupenspritzmittel, 0,5 g/l, B 4, W 2, Wz 0. Absammeln.
Zuerst Minier-, später Fenster- bzw. Lochfraß an den Blättern. Schmetterlingsraupe ca. 1 cm lang, grünlich mit schwarzen Punkten.	Kohlschabe (Kohlmotte) Tierischer Schädling S. 35	Siehe Kohlweißling, aber bei: Neudorff's Raupenspritzmittel, 1 g/l, W 2, Wz 0, B 4.
An den äußeren Blättern starker Skelettier- bzw. Lochfraß. Schmetterlingsraupen, die später auch in das Innere des Kohlkopfes eindringen.	Kohleule Tierischer Schädling S. 35	Blattlaus Vernichter Nexion, 1 ml/l, B 1, Wz 14.

Weitere Krankheiten und Schädlinge S. 83–85: Auflaufkrankheiten, Maulwurfsgrillen, Schnecken, Umfallkrankheiten.

Blatt- und Stengelgemüse

Lauch

Standort: Sonnig.
Boden: Gut gelockert, tiefgründig, nicht mit frischem Mist versehen.
Gute Nachbarn: Erdbeeren, Kohl, Möhren, Salat, Sellerie, Tomaten. Pflanzt man Möhren in die Nähe von Porree, vertreiben die Möhren die Lauchmotte und der Porree vertreibt die Möhrenfliege.
Aussaat: Ab April im Freiland, ab Mai kann dann gepflanzt werden. Der Abstand von Pflanze zu Pflanze in der Reihe beträgt 15 cm, der Reihenabstand 20–30 cm.

Schadbild	Ursache	Abwehr
Auf den Blättern längliche bis ovale, graue Flecken meist mit violettem Rand. Blätter verdrehen sich, reißen auf und können bei starkem Befall absterben.	Purpurfleckenkrankheit, *Alternaria porri* Pilzkrankheit S. 26	Keine Bekämpfungsmöglichkeit.
An Blattspitzen oder über das Blatt verteilt papierartig weiße Flecken. Blätter können absterben.	Papierfleckenkrankheit, *Phytophthora porri* Pilzkrankheit S. 26	Keine Bekämpfungsmöglichkeit.
Blattunterseits orangerote, rundliche bis etwas längliche Pusteln. Im Bereich dieser Pusteln ist das Blatt oberseits aufgerissen.	Porree-Rost, *Puccinia allii* Pilzkrankheit S. 26	Bekämpfung nicht erforderlich.

Rostpusteln an Lauch

Schadbild	Ursache	Abwehr
Längsgerichtete Fraßgänge (Minierfraß), in denen grünlichgelbe, kleine Räupchen zu finden sind. Pflanzen stocken im Wachstum und faulen bei regnerischem Wetter.	Lauchmotte Tierischer Schädling S. 35	Blattlaus-Vernichter Nexion, 1 ml/l, B 1, Wz 14; oder Heißwasser-Spritzungen (40–50 °C). Bei Befall oberste Blätter entfernen.
Blattoberseits gelblichweiße Sprenkelung. Blattunterseits etwa 1 mm lange Insekten, gelblich oder dunkel gefärbt. Befallene Blätter zeigen einen silbrigen Glanz, sie verkorken bzw. vertrocknen.	Thrips, Blasenfuß Tierischer Schädling S. 30	Blattlaus-Vernichter Nexion, 1 ml/l, B 1, Wz 14; Schädlingsfrei Parexan, 1 ml/l, B 4, Wz 7; Spruzit flüssig, 1 ml/l, B 4, Wz 7; Spruzit-Staub, 2,5 g/m^2, B 4, Wz 7; Rotenol-Emulsion, 1 ml/l, B 4, Wz 7; Rotenol-Staub, 2,5 g/m^2, B 4, Wz 7.
Blätter deformiert, gerollt oder gekräuselt. Auch Triebspitzen gekrümmt. Zumeist blattunterseits Blattläuse, die verschieden gefärbt sein können. Befallene Pflanzenteile sind sehr häufig klebrig (Honigtau) und mit schwarzem Überzug versehen (Rußtau).	Blattläuse Tierischer Schädling S. 30	Siehe »Thrips«; Brennessel-Brühe: siehe S. 19, Schmierseifen-Brühe: siehe S. 19.

Mangold

Standort: Sonnig bis halbschattig.
Boden: Schwere Böden sind geeignet.
Gute Nachbarn: Kohl, Möhren, Radieschen, Rettich, Salat.
Aussaat: April–Juli, wobei die Pflanzen aus den späteren Aussaaten überwintern.
Man sät in Rillen und verzieht später die Pflanzen, so daß der Abstand von Pflanze zu Pflanze ca. 15–20 cm beträgt.
Der Reihenabstand von Reihe zu Reihe soll bei Blattmangold 30 cm, bei Rippenmangold 40 cm betragen.

Schadbild	Ursache	Abwehr
Weiße Fraßminen in den Blättern, in denen weißliche Fliegenmaden zu finden sind. Stark befallene Blätter vertrocknen.	Rübenfliege Tierischer Schädling S. 36	Blattlaus-Vernichter Nexion, 0,75 ml/l, B 1, Wz 14.

Schadbild	Ursache	Abwehr
Blätter deformiert, gerollt oder gekräuselt. Auch Triebspitzen gekrümmt. Zumeist blattunterseits Blattläuse, die verschieden gefärbt sein können. Befallene Pflanzenteile oft klebrig (Honigtau) und mit schwarzem Überzug versehen (Rußtau).	Blattläuse Tierischer Schädling S. 30	Schädlingsfrei Parexan, 1 ml/l, B 4, Wz 7; Spruzit flüssig, 1 ml/l, B 4, Wz 7; Spruzit-Staub, 2,5 g/m^2, B 4, Wz 7; Rotenol-Emulsion, 1 ml/l, B 4, Wz 7; Rotenol-Staub, 2,5 g/m^2, B 4, Wz 7. Brennessel-Brühe: siehe S. 19, Schmierseifen-Brühe: siehe S. 19. Einzelne befallene Blätter ausbrechen.
Blattober- und -unterseite mit mehlartigem Belag versehen, der abwischbar ist. Blätter verbräunen und vertrocknen.	Echter Mehltau, *Erysiphe spec.* u. a. Pilzkrankheit S. 26	Keine zugelassenen Präparate.

Petersilie

Standort: Sonnig.
Boden: Locker, tiefgründig, nahrhaft aber nicht frisch mit Stallmist versehen. Petersilie benötigt zwar viel Wasser, stauende Nässe ist jedoch für die Pflanzen sehr schädlich.
Gute Nachbarn: Radieschen, Rettich, Tomaten, Zwiebeln.
Schlechte Nachbarn: Salat, Petersilie ist mit sich selbst unverträglich: erst 4 Jahre nach Petersilie wieder auf derselben Fläche anbauen!
Aussaat: Im zeitigen Frühjahr (Petersilie ist nicht sehr kälteempfindlich) in Reihen, wobei der Samen ca. 1 cm tief in den Boden kommen muß. Der Reihenabstand 15–20 cm.

Schadbild	Ursache	Abwehr
Blätter vergilben, ganze Pflanzen sterben ab.	Petersilienkrankheit. Verschiedene Erreger, z. B.: Bodenpilze, freilebende Wurzelnematoden ohne Zystenbildung, Blattläuse, Wurzelläuse, Maden von Fliegen (die in den Wurzeln minieren), Larven von Rüsselkäfern.	Keine Bekämpfungsmöglichkeiten.

Salat

Standort: Sonnig.
Boden: Gut gelockert.
Arten: Ackersalat (Feld-, Nüsslisalat, Rapunzel), Chicorée, Eissalat (Krachsalat), Endiviensalat, Gartenkresse, Grüner Salat (Kopfsalat), Pflück- oder Schnittsalat, Radicchio (Roter Zichoriensalat), Zuckerhut (Zichoriensalat).
Gute Nachbarn: Ackersalat: Winterzwiebeln. Chicorée: Fenchel, Kopfsalat, Tomaten, Stangenbohnen. Endiviensalat: Fenchel, Kohl, Lauch. Gartenkresse: Radieschen. Grüner Salat: Bohnen, Erdbeeren, Kohl, Kohlrabi, Radieschen, Spinat, Tomaten. Pflück- oder Schnittsalat: Fenchel, Kohl, Radieschen, Rettich, Rote Bete, Spargel, Schwarzwurzeln, Tomaten. Radicchio: Endivien, Zichoriensalate. Zuckerhut: Fenchel.
Aussaaten:
Ackersalat: August–September. Am besten in Reihen; Reihenabstand 10–15 cm.
Chicorée: Mai, in Reihen gesät; später ausdünnen: in der Reihe auf 15–20 cm. Reihenabstand: 25–20 cm.
Eissalat: Mai–Anfang Juli. Pflanzabstand: 35 × 35 cm.
Endiviensalat: Sommerendivien Mai–April. Winterendivien im Juni. Pflanzabstand 30 × 30 cm.
Gartenkresse: Ab März in Reihen. Reihenabstand ca. 10 cm.
Grüner Salat: März–April, für Frühjahrssorten, April–Juli für Sommersorten. Sommersorten schießen bei Hitze weniger. Pflanzabstand 25 × 25 cm.
Pflück- oder Schnittsalat: Frühjahr–Sommer in Reihen. Reihenabstand 25 cm.
Radicchio: Mitte Mai–Juni in Reihen, später auf 10–20 cm Abstand ausdünnen. Reihenabstand 25 cm.
Zuckerhut: Juni in Reihen. Pflanzen später auf 30–35 cm ausdünnen. Der Reihenabstand 35 cm.

	Schadbild	Ursache	Abwehr
 	Pflänzchen welken und sterben ab. Wurzeln angenagt oder abgefressen. Oft werden Sämlinge abgefressen, ehe sie die Bodenoberfläche erreicht haben.	Drahtwurm Tierischer Schädling S. 34	Nexion Streumittel, 20 g/m², streuen vor der Saat bzw. vor der Pflanzung und leicht einarbeiten. Ködern und absammeln. Man verwendet dazu aufgeschnittene Kartoffelhälften, die ca. 3–5 cm tief eingegraben werden und zwar mit der Schnittfläche nach unten. Salat-Setzlinge sind regelrechte Fangpflanzen.
	Faulstellen mit schneeweißem, watteartigen Pilzgeflecht. Später sind auf oder in den Befallsstellen gräulich-schwarze, unterschiedlich große, harte »Kügelchen« (Sklerotien = Dauerformen des Pilzes).	Sklerotinia-Stengelfäule, *Sclerotinia spec.* Pilzkrankheit S. 26	Bekämpfung mit chemischen Pflanzenschutzmitteln kaum möglich. Ronilan, 1 g/l, B 4, Wz 35; Rovral, 1 g/l, B 4, Wz 14, zur Befallsminderung.
	An den Wurzeln Läuse, die mit weißlichgrauen Wachsausscheidungen versehen sind.	Wurzelläuse Tierischer Schädling S. 30	Keine Präparate zugelassen. In der Nähe von Schwarzpappeln nur frühe Sorten anbauen.

Sklerotinia an Salat; linker Kopf befallen

Botrytis; der Grauschimmel ist ein typischer Schwächeparasit.

Schadbild	Ursache	Abwehr
Blätter vergilben, welken und faulen von Blattstiel her. Auf Faulstellen mausgrauer Schimmelbelag.	Grauschimmel, *Botrytis cinerea* Pilzkrankheit S. 26	Euparen, 2 g/l, B 4, Wz 21.
Blattoberseits runde, helle, kleine Flecken mit rötlichbraunem Rand. Bei feuchter Witterung fließen die Flecken ineinander, die Blätter faulen. Tritt meist erst im Herbst auf.	Ringfleckenkrankheit, *Marssonina panattoniana* Pilzkrankheit S. 26	Keine Präparate zugelassen.
Im Sommer zeigen die Blätter von älteren Pflanzen mosaikartige Scheckungen und sind dabei gekräuselt. Pflanzen kümmern.	Salatmosaik Wird durch Samen und durch Blattläuse übertragen. Virose S. 25	Keine Bekämpfungsmöglichkeiten, befallene Pflanzen entfernen und vernichten. Blattläuse bekämpfen.
Blätter deformiert: gerollt oder gekräuselt. Zumeist blattunterseits Blattläuse, die verschieden gefärbt sein können. Befallene Pflanzenteile oft klebrig (Honigtau) und mit schwarzem Überzug versehen (Rußtau).	Blattläuse Tierischer Schädling S. 30	Schädlingsfrei Parexan, 1 ml/l, B 4, Wz 3; Spruzit flüssig, 1 ml/l, B 4, Wz 3; Spruzit-Staub, 2,5 g/m², B 4, Wz 3; Rotenol-Emulsion, 1 ml/l, B 4, Wz 3; Rotenol-Staub, 2,5 g/m², B 4, Wz 3. Brennessel-Brühe: siehe S. 19, Schmierseifen-Brühe: siehe S. 19.

Ringfleckenkrankheit an der Endivie

Falscher Mehltau an Salat

Blatt- und Stengelgemüse

Schadbild	Ursache	Abwehr
Blattoberseits auffällige gelbe, später braun werdende Flecken, die häufig durch die Blattadern begrenzt sind. Befallene Blätter gehen in Fäulnis über.	Falscher Mehltau, *Bremia lactucae* Pilzkrankheit S. 26	Wirksame Bekämpfung nicht möglich.

Weitere Krankheiten und Schädlinge S. 83–85: Wurzelgallenälchen, Maulwurfsgrillen, Schnecken.

Spargel

Standort: Sonnig bis halbschattig.
Boden: Leicht und sandig.
Pflanzung: Spargel wird im April mit einem Mindestabstand von ca. 40 cm gepflanzt. Die Spargelreihen werden am besten in Nord/Südrichtung angelegt.

Schadbild	Ursache	Abwehr
Wurzeln und Stengelgrund vermorscht. Kraut vergilbt. Pflanzen sterben ab. Bestand wird lückig.	Fuß- und Welkekrankheit, *Fusarium spec.*, *Rhizoctonia spec.* u. a. Pilzkrankheit S. 26	Keine Präparate zugelassen.

Larven des Spargelhähnchens

Spargelhähnchen

Schadbild	Ursache	Abwehr
Im Sommer an Trieben und Nadeln helle Flecke, auf denen sich später schwarzbraune Rostpusteln bilden. Kraut stirbt vorzeitig ab.	Spargelrost, *Puccinia asparagi* Pilzkrankheit S. 26	Dithane Ultra, 2 g/l, B 4, Wz 0; Grünkupfer-Präparate, 5 g/l, B 4, Wz 0; Polyram Combi, 2 g/l, B 4, Wz 0: in Junganlagen oder nach dem Stechen.
Triebe in Junganlagen, besonders in zweijährigen Anlagen gekrümmt. Im Inneren Fliegenmaden.	Spargelfliege Tierischer Schädling S. 36	Dimethoat-Präparate, 1 ml/l, Xn, B 1, W 2, Wz 0: 0,5–1 l Brühe je Pflanze gießen, nicht in stechreifen Anlagen.
Auffällig bunte Käferchen und deren Larven fressen am Spargelkraut.	Spargelhähnchen Tierischer Schädling S. 34	Spruzit flüssig, 1 ml/l, B 4, Wz 2; Spruzit-Staub, 2,5 g/m^2, B 4, Wz 2; Rotenol-Emulsion, 1 ml/l, B 4, Wz 2; Rotenol-Staub, 2,5 g/m^2, B 4, Wz 2.

Spinat

Standort: Sonnig.
Boden: Humusreich.
Gute Nachbarn: Erdbeeren, Kartoffeln, Kohl, Radieschen, Rote Bete, Stangenbohnen, Tomaten.
Aussaat: März–Mai (Frühjahrsaussaat) oder August–Oktober (Winteraussaat) in Reihen, etwa 3 cm tief. Der Reihenabstand beträgt 20–25 cm.

Schadbild	Ursache	Abwehr
Vergilbungen an den Blättern.	Viruskrankheiten Virose S. 25	Keine Bekämpfungsmöglichkeiten; befallene Pflanzen entfernen und vernichten.
Weiße Fraßminen, in denen weißliche Fliegenmaden zu finden sind. Stark befallene Blätter vertrocknen.	Rübenfliege Tierischer Schädling S. 36	Blattlaus-Vernichter Nexion, 0,75 ml/l, B 1, Wz 14.
Blätter deformiert: gerollt oder gekräuselt. Zumeist blattunterseits Blattläuse, die verschieden gefärbt sein können.	Blattläuse Tierischer Schädling S. 30	Blattlaus-Vernichter Nexion, 0,5 ml/l, B 1, Wz 14.
Blattoberseits fleckenweise hellgelbe Flecken, die später verdunkeln. Befallene Blätter gehen in Fäulnis über. Unterseits weißgrauer flockiger Schimmelbelag.	Falscher Mehltau, *Bremia* spec. u. a. Pilzkrankheit S. 26	Keine Präparate zugelassen.

Wurzel-, Zwiebel- und Knollengemüse

Kartoffeln

Standort: Sonnig bis halbschattig.
Boden: Kalkarm und nicht zu naß.
Gute Nachbarn: Erbsen, Kohl und Spinat.
Pflanzung: Im allgemeinen Anfang Mai. In frostsicheren Gebieten auch früher (Mitte April). Günstig ist es, die Knollen vorkeimen zu lassen und dann, wenn die Keime ca. 10–12 mm lang sind, zu pflanzen. Die Knollen werden ca. 30 cm tief gelegt. Der Abstand in der Reihe beträgt 30 cm, der Abstand von Reihe zu Reihe 60 cm.

Schadbild	Ursache	Abwehr
Pflanzen bleiben im Wuchs deutlich zurück, Befall nesterweise. An den Wurzeln wärend der Sommermonate zunächst weißliche, später gelbliche bis bräunliche, stecknadelkopfgroße Anschwellungen.	Kartoffelnematoden (Wurzelälchen mit Zystenbildung) Tierischer Schädling S. 27	Bekämpfung mit chemischen Pflanzenschutzmitteln nicht möglich. Weit gestellte Fruchtfolge. Resistente Sorten bevorzugen. Befallene Flächen dürfen nicht mit Kartoffeln bepflanzt werden.
Knollen angefressen. Tiefgehende röhrenförmige Fraßgänge.	Drahtwurm Tierischer Schädling S. 34	Nexion Streumittel, 20 g/m², streuen vor der Saat bzw. vor der Pflanzung und leicht einarbeiten. Ködern und absammeln. Man verwendet dazu aufgeschnittene Kartoffelhälften, die ca. 3–5 cm tief eingegraben werden, Schnittfläche nach unten. Auch Salat-Setzlinge dienen als Fangpflanzen.

Drahtwurmschaden an Kartoffelknolle

Kraut- und Knollenfäule der Kartoffel

Wurzel-, Zwiebel- und Knollengemüse

Larve des Kartoffelkäfers

Ausgewachsener Kartoffelkäfer

Schadbild	Ursache	Abwehr
Blätter rollen sich ein, gelbbraune Flecken. Gelegentlich blattunterseits weißlicher Pilzrasen. Kraut stirbt oft innerhalb kürzester Zeit ab. Krankheit geht auf die Knolle über, dort leicht eingesunkene Flecken, unter denen das Fleisch der Knolle rötlich braun verfärbt ist. Befallene Knollen faulen.	Kraut- und Knollenfäule, *Phytophthora infestans* Pilzkrankheit S. 26	Dithane Ultra, 2 g/l, B 4, Wz 7; Grünkupfer-Präparate, 5 g/l, B 4, Wz 14.
Blätter hellgrün gescheckt oder schwarz gestrichelt, nicht selten eingerollt.	Kartoffelvirosen Virose S. 25	Keine Bekämpfungsmöglichkeiten, befallene Pflanzen vernichten, weitgestellte Fruchtfolge.
Fraßschaden durch Käfer oder Raupen.	Kartoffelkäfer Tierischer Schädling S. 34	Beosit 35 flüssig, 1 ml/l, Xn, B 4, Wz 14; Ekamet, 1 ml/l, B 1, W 2, Wz 14; Insekten-Stäubemittel Hortex neu, 2,5 g/m^2, B 4, Wz 14; Absammeln.
Blätter deformiert, entweder gerollt oder gekräuselt. Auch Triebspitzen gekrümmt. Zumeist Blattunterseits Blattläuse, die verschieden gefärbt sein können. Befallene Pflanzenteile oft klebrig (Honigtau) und mit schwarzem Überzug versehen (Rußtau).	Blattläuse Tierischer Schädling S. 30	Beosit 35 flüssig, 1 ml/l, G, Xn, B 4, Wz 14; Insekten-Stäubemittel Hortex neu, 2,5 g/m^2, G, B 4, Wz 14; Ekamet, 1 ml/l, G, B 1, Wz 14

Weitere Krankheiten und Schädlinge: Schnecken S. 85.

Knollensellerie

Standort: Sonnig.
Boden: Tiefgründig und locker.
Gute Nachbarn: Blumenkohl, Buschbohnen, Kohl, Lauch.
Aussaat: Sellerie ist frostempfindlich. Jungpflanzen müssen daher in Frühbeetkästen oder auf der Fensterbank im Februar bis März vorgezogen werden.
Besser ist es, man besorgt sich Setzlinge, die im Abstand von 40 × 40 cm ab Mitte Mai ins Freiland gepflanzt werden können.

Schadbild	Ursache	Abwehr
Blätter deformiert: gerollt oder gekräuselt. Zumeist blattunterseits Blattläuse, die verschieden gefärbt sein können. Befallene Pflanzenteile oft klebrig (Honigtau) und mit schwarzem Überzug versehen (Rußtau).	Blattläuse Tierischer Schädling S. 30	Schädlingsfrei Parexan, 1 ml/l, B 4, Wz 3; Spruzit flüssig, 1 ml/l, B 4, Wz 1; Spruzit-Staub, 2,5 g/m^2, B 4, Wz 1; Rotenol-Emulsion, 1 ml/l, B 4, Wz 1; Rotenol-Staub, 2,5 g/m^2, B 4, Wz 1. Brennessel-Brühe: siehe S. 19, Schmierseifen-Brühe: siehe S. 19. Einzelne befallene Blätter ausbrechen.

Sellerieschorf; Schäden an der Knolle

Sellerieschorf am Blatt

Blattfleckenkrankheit

Schaden durch Selleriewanzen

Schadbild	Ursache	Abwehr
Fraßminen mit weißlichen Fliegenmaden. Später Platzminen (helle breite Flecken die später eintrocknen). Befall oft schon bei Setzlingen.	Sellerieminierfliege Tierischer Schädling S. 36	Keine Präparate zugelassen.
Blattstiele oder ältere Blätter auf der Innenseite aufgerauht. Herzblätter verkümmert und schwarz. An den Knollen braune Stellen.	Bormangel (Spurenelementmangel)	Boden auf Vorhandensein von Bor untersuchen lassen. Evtl. düngen mit Borax 1 g/m^2 (mit Sand vermischt ausstreuen).
Rostbraune Flecken mit kleinen, schwarzen Pünktchen. Blätter vergilben und vertrocknen. Knollen bleiben klein.	Blattfleckenkrankheit, *Septoria apii* Pilzkrankheit S. 26	Polyram Combi, 3 g/l, B 4, Wz 28; Grünkupfer Präparate, 5 g/l, B 4, Wz 14.
Herzblätter gekräuselt, vertrocknet oder bei Feuchtigkeit verfault. Wachstumsstockungen. Herzfäule der Knolle.	Selleriewanze Tierischer Schädling S. 31	Siehe Blattläuse. Brennessel- und Schmierseifenbrühe haben hier allerdings nur ungenügende Wirkung.
Oben am Kopf offene Höhlung, Knolle jedoch sonst gesund.	Eigentliche Schadensursachen nicht bekannt, wahrscheinlich ungünstige Wachstumsbedingungen	–
Rötlich bis braune, schorfige Stellen im Spätsommer. Krankes Gewebe reißt auf. Befallene Knollen faulen bereits im Boden oder aber auf dem Lager.	Sellerieschorf, *Phoma apiicola* Pilzkrankheit S. 26	Keine Präparate zugelassen.

Wurzel-, Zwiebel- und Knollengemüse

Meerrettich

Standort: Halbschattig.
Boden: Tiefgründig und feucht.
Pflanzung: April, der Pflanzabstand beträgt 30–40 cm.

Schadbild	Ursache	Abwehr
Stangen brechen sehr leicht, sie sind glasig und spröde. Schneidet man sie quer durch, kann man die verstopften, dunkelgefärbten Leitungsbahnen erkennen.	Meerrettichschwärze, *Verticillium armoraciae* Pilzkrankheit S. 26	Pilz befällt Stangen und Wurzeln vom Boden her. Bekämpfung nicht möglich.
Fraß an Herzblättern durch metallisch glänzende, schwarzblaue bis blaugrüne Käfer. Die dazugehörigen Raupen sind graugrün mit schwarzer Kopfkapsel, sitzen blattunterseits und verursachen Fensterfraß.	Meerretticherdfloh Tierischer Schädling S. 34	Blattlaus-Vernichter Nexion, 1 ml/l, B 1, Wz 21.

Möhren

Standort: Sonnig, windoffene Lage.
Boden: Sandig, durchlässig und kalkhaltig.
Gute Nachbarn: Lauch, Zwiebeln.
Aussaat: Ab Mitte März. Der Samen wird ca. 1,5 cm tief in Rillen gesät. Der Reihenabstand bei Frühmöhren beträgt 15 cm, bei Wintersorten 30 cm. In den Reihen werden die Pflanzen ausgedünnt, wenn sie ca. 3–4 cm hoch geworden sind. Der Abstand von Pflänzchen zu Pflänzchen sollte dann 2–3 cm betragen. Zu beachten ist, daß die Abstände um so weiter sein sollen, je später die Aussaat erfolgt ist.

Schadbild	Ursache	Abwehr
Besonders im unteren Teil des Rübenkörpers flache, meist offene Fraßgänge, die auch tiefer gehen können. Blätter der befallenen Pflanze werden rötlich, vergilben und sterben ab. Neben Möhren werden auch Dill, Kümmel und Petersilie befallen. Die Larven sind weißlich und ungefähr 8 mm lang.	Möhrenfliege Tierischer Schädling S. 36	Insekten-Streumittel Nexion, 15 g/m², B 1, Wz 28 vor der Saat. Bei Spätmöhren 2. Behandlung dann, wenn die Reihen schließen. Weit gestellte Fruchtfolge. Aussaat März/April oder Juli. Offene, windige Lagen für den Anbau wählen. Keine frisch mit Mist gedüngten Flächen verwenden. Reihen anhäufeln.

Möhrenfliegenbefall

Schäden durch Möhrenblattfloh (ganz links gesund)

Schadbild	Ursache	Abwehr
Wurzelhals teils ober- oder auch unterirdisch abgefressen.	Erdraupen Tierischer Schädling S. 35	Keine Präparate zugelassen.
Möhrenkörper angefressen. Meist tiefgehende Fraßgänge.	Drahtwurm Tierischer Schädling S. 34	Nexion Streumittel, 20 g/m², streuen vor der Saat und leicht einarbeiten. Ködern der Tiere und absammeln. Man verwendet dazu aufgeschnittene Kartoffelhälften, die ca. 3–5 cm tief eingegraben werden und zwar mit der Schnittfläche nach unten. Auch Salat-Setzlinge dienen als Fangpflanzen.
Blätter stark gekräuselt, ähneln den Petersilienblättern. Blattlausähnliche gelbgrüne, geflügelte Insekten.	Möhrenblattfloh Tierischer Schädling S. 34	Bekämpfung nicht erforderlich.
Blätter deformiert: gerollt oder gekräuselt. Zumeist blattunterseits Blattläuse, die verschieden gefärbt sein können. Befallene Pflanzenteile oft klebrig (Honigtau) und mit schwarzem Überzug versehen (Rußtau).	Blattläuse Tierischer Schädling S. 31	Schädlingsfrei Parexan, 1 ml/l, B 4, Wz 1; Spruzit flüssig, 1 ml/l, B 4, Wz 1; Spruzit-Staub, 2,5 g/m², B 4, Wz 1; Rotenol-Emulsion, 1 ml/l, B 4, Wz 1; Rotenol-Staub, 2,5 g/m², B 4, Wz 1. Brennessel-Brühe: siehe S. 19, Schmierseifen-Brühe: siehe S. 19.

Wurzel-, Zwiebel- und Knollengemüse

Schadbild	Ursache	Abwehr
Blattoberseits stellenweise hellgelbe Flecken, die später verdunkeln. Befallene Blätter gehen in Fäulnis über. Unterseits weißgrauer flockiger Schimmelbelag.	Falscher Mehltau, *Bremia* spec. u. a. Pilzkrankheit S. 26	Bekämpfung nicht erforderlich.

Radieschen und Rettich

Standort: Im Frühjahr und Herbst volle Sonne, im Sommer Halbschatten.
Boden: Im Prinzip ist jeder Boden geeignet, der locker ist. Die Fläche darf nicht mit frischem Stallmist behandelt worden sein.
Gute Nachbarn: Bohnen, Kohl, Möhren, Salat, Spinat, Tomaten.
Aussaaten: Ab Mitte März. Ab Mai sind Sommersorten und ab Juli Wintersorten zu verwenden. Ausgesät wird in Rillen. Die Körner werden ca. 1 cm tief in die Erde gelegt. Der Abstand von Pflanze zu Pflanze ist je nach Rettichsorte unterschiedlich und beträgt 10–15 cm. Der Abstand von Reihe zu Reihe beträgt 20–25 cm.

Schadbild	Ursache	Abwehr
Im Rübenkörper Fraßgänge mit weißen Maden. Befallene Pflanzen zeigen gelbe Blätter und welken.	Rettich- bzw. Kohlfliege Tierischer Schädling S. 36	Blattlausvernichter Nexion, 1 ml/l, B 1, Wz 21: dabei 0,5 l Brühe pro laufenden Meter gießen. Nur für Rettich zugelassen; 1. Anwendung kurz nach dem Auflaufen. Bei Spätrettich 2. Anwendung später.

Rettichfliegen- bzw. Kohlfliegenbefall

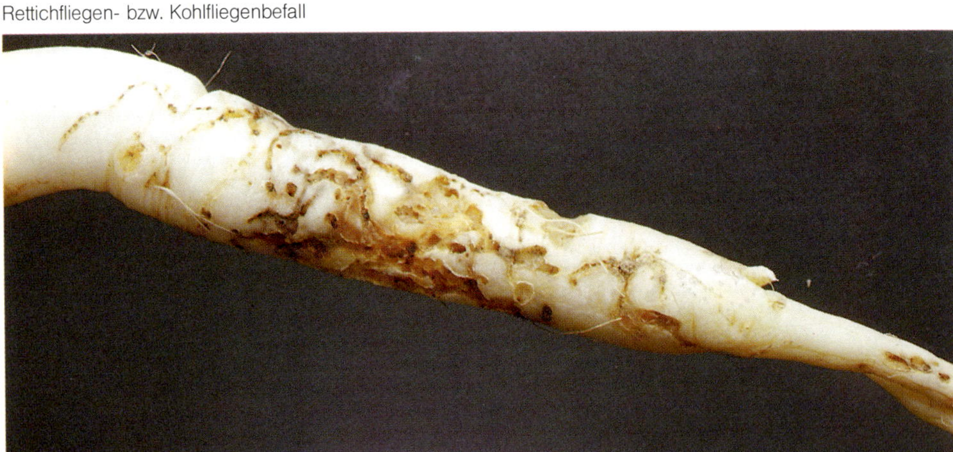

Kohlerdfloh; deutlich sieht man hier die Käfer auf den Keimblättern.

Schadbild	Ursache	Abwehr
Keim- aber auch Laubblätter siebartig durchlöchert. Gelbgestreifte oder schwarzblaue Käferchen sind bei Wärme und Trockenheit sichtbar. Die Käfer besitzen ausgeprägte Sprungbeine und können damit relativ weit springen. Sämlinge werden oft schon zerstört, ehe sie aus der Erde kommen.	Kohlerdfloh Tierischer Schädling S. 34	Schädlingsfrei Parexan, 1 ml/l, B 4, Wz 1; Spruzit flüssig, 1 ml/l, B 4, Wz 1; Spruzit-Staub, 2,5 g/m², B 4, Wz 1; Rotenol-Emulsion, 1 ml/l, B 4, Wz 1; Rotenol-Staub, 2,5 g/m², B 4, Wz 1.
Oberseits Flecken, in deren Bereich auf der Unterseite weißliche, schwielenartige Pusteln entstehen, aus denen weiße Pilzsporen entlassen werden.	Weißrost, *Albugo candida* Pilzkrankheit S. 26	Keine Präparate zugelassen.

Rote Bete (Rote Rübe)

Standort: Sonnig bis halbschattig.
Boden: Tiefgründig.
Gute Nachbarn: Gurken, Erbsen, Kohlrabi, Spinat.
Aussaaten: Ab April bis Juli. Es wird in Reihen gesät, wobei der Abstand in den Reihen ca. 10 cm von Pflanze zu Pflanze beträgt. Der Reihenabstand beträgt 25–30 cm.

Schadbild	Ursache	Abwehr
Im Fleisch gräulichweiße oder braune Flecken.	Bormangel (Spurenelementmangel)	Boden auf Vorhandensein von Bor untersuchen lassen. Evtl. düngen mit Borax, 1 g/m² (mit Sand vermischt ausstreuen).

Blattfleckenkrankheit an Roter Bete

Rübenfliegenschaden

Schadbild	Ursache	Abwehr
Im Hochsommer runde, kleine, graue Blattflecken mit rötlichem Rand versehen.	Blattfleckenkrankheit, *Cercospora beticola* Pilzkrankheit S. 26	Bekämpfung nicht erforderlich.
Weiße Fraßminen, in denen weißliche Fliegenmaden zu finden sind. Stark befallene Blätter vertrocknen.	Rübenfliege Tierischer Schädling S. 36	Blattlaus-Vernichter Nexion, 0,75 ml/l, B 1, Wz 14.

Schwarzwurzeln

Standort: Sonnig bis halbschattig.
Boden: Tiefgründig und locker.
Gute Nachbarn: Kohlrabi, Kopfsalat, Lauch.
Aussaat: März. Gesät wird in Reihen, wobei der Samen 3 cm tief in den Boden gebracht werden soll. Später werden die jungen Pflanzen auf einen Abstand von 7–10 cm ausgedünnt. Der Abstand von Reihe zu Reihe beträgt 25–30 cm.

Schadbild	Ursache	Abwehr
Wurzelhals teils ober- oder auch unterirdisch abgefressen.	Erdraupen Tierischer Schädling S. 35	Cortilan-Neu, 25 g/m², B 3, Wz 0.

Schadbild	Ursache	Abwehr
Blattoberseits helle Flecken, in deren Bereich sich blattunterseits weißliche, schwielenartige Pusteln bilden, aus denen weiße Pilzsporen entlassen werden.	Weißer Rost, *Albugo* spec. Pilzkrankheit S. 26	Keine Präparate zugelassen.
Blattober- und unterseite mit mehlartigem Belag versehen, der abwischbar ist. Blätter verbräunen und vertrocknen.	Echter Mehltau, *Erysiphe* spec. u. a. Pilzkrankheit S. 26	Keine Präparate zugelassen.

Zwiebeln

Standort: Sonnig.
Boden: Locker und nahrhaft.
Gute Nachbarn: Bohnenkraut, Dill, Erdbeeren, Gurken, Kopfsalat, Möhren, Kürbis.
Aussaat: Ab Mitte März. Es wird in Reihen gesät und später auf einen Abstand von 5–10 cm in der Reihe vereinzelt. Der Reihenabstand beträgt 20 cm.
Stecken: Steckzwiebeln werden im April gesteckt und zwar ebenfalls in Reihen mit einem Zwischenraum von 10 cm, wobei der Reihenabstand 20–25 cm beträgt.

Falscher Mehltau an Zwiebeln

Thips-Schaden am Zwiebelblatt

Wurzel-, Zwiebel- und Knollengemüse

Grauschimmelfäule an Zwiebeln. Der Befall ist hier schon weit fortgeschritten.

Schadbild	Ursache	Abwehr
Eingesunkene bräunliche Flecken auf der Zwiebelschale. Im Bereich der Flecken meist am Hals beginnende Fäulnis, mit mausgrauem Schimmelrasen versehen.	Grauschimmel, *Botrytis spec.* Pilzkrankheit S. 26	Keine Präparate zugelassen.
Blätter vergilben und sterben ab. Herzblätter lassen sich leicht herausziehen und sind am Grund verfault. In den Zwiebeln, die weichfaul und übelriechend sind, können Fliegenmaden sein.	Zwiebelfliege Tierischer Schädling S. 36	Insekten-Streumittel Nexion, 2 g/lfd. m Saatreihe, vor der Saat (B 1, Wz 0); Blattlaus-Vernichter Nexion, 0,5 ml/0,5 l Wasser/lfd. m Saatreihe, B 1, Wz 42; Zwiebel nicht auf frisch gedüngte Flächen pflanzen oder säen. Weit gestellte Fruchtfolge.
Blätter abnorm verbogen, mit weißen Flecken und schlaff herunterhängend. Zwiebelschuppen verdickt, Zwiebeln platzen und faulen.	Zwiebelälchen Tierischer Schädling S. 27	Bekämpfung mit chemischen Pflanzenschutzmitteln nicht möglich.

Wurzel-, Zwiebel- und Knollengemüse

Schadbild	Ursache	Abwehr
Blätter deformiert: gerollt oder gekräuselt. Befallene Pflanzenteile oft klebrig (Honigtau) und mit schwarzem Überzug versehen (Rußtau).	Blattläuse Tierischer Schädling S. 30	Schädlingsfrei Parexan, 1 ml/l, B 4, Wz 2; Spruzit flüssig, 1 ml/l, B 4, Wz 7; Spruzit-Staub, 2,5 g/m², B 4, Wz 2; Rotenol-Emulsion, 1 ml/l, B 4, Wz 3; Rotenol-Staub, 2,5 g/m², B 4, Wz 2. Brennessel-Brühe: siehe S. 19, Schmierseifen-Brühe: siehe S. 19.
Blattoberseits gelblichweiße Sprenkelung. Blattunterseits etwa 1 mm lange Insekten, gelblich oder dunkel gefärbt. Befallene Blätter zeigen einen silbrigen Glanz, sie verkorken bzw. vertrocknen.	Thripse Tierischer Schädling S. 30	Blattlaus-Vernichter Nexion, 1 ml/l, B 1, Wz 14.
Fleckenweise hellgelbe Flecken, die später verdunkeln. Befallene Blätter gehen in Fäulnis über. Auch weißgrauer flockiger Schimmelbelag.	Falscher Mehltau, *Bremia* spec. u. a. Pilzkrankheit S. 26	Keine Präparate zugelassen.
Längsgerichtete Fraßgänge (Minierfraß), in denen grünlichgelbe, kleine Räupchen zu finden sind. Pflanzen stocken im Wachstum und faulen bei regnerischem Wetter.	Lauchmotte Tierischer Schädling S. 35	Blattlaus-Vernichter Nexion, 1 ml/l, B 1, Wz 14; oder Heißwasser-Spritzungen (40–50 °C).

Ziergehölze

Allgemeine, an Laub- und Nadelgehölzen verbreitete Krankheiten und Schädlinge

In folgender Tabelle sind die Krankheiten und Schädlinge aufgeführt, die an vielen verschiedenen Ziergehölzen auftreten können. Artspezifische Schaderreger finden Sie auf den nachfolgenden Seiten unter den jeweiligen Pflanzenarten.

Schadbild	Ursache	Abwehr
Zweige sterben ab. Nach jahrelangem Kränkeln gehen die Pflanzen ein. Unter der Rinde, nahe der Bodenoberfläche, weißliche Pilzgeflechte.	Hallimasch, *Armillaria* u. a. Pilzkrankheit S. 26	Keine Bekämpfungsmöglichkeit. Befallene Gehölze samt Wurzeln entfernen.
Zahlreiche Bohrlöcher in Stamm und Ästen, die entweder tief ins Holz hineinreichen können oder sich zwischen Rinde und Holz befinden.	Borkenkäfer Tierischer Schädling S. 34	Sind erst wenige Bohrlöcher vorhanden, kann in diese Bohrlöcher Ekamet, 1 ml/l, W 2, B 1; mit einer Injektionsspritze eingespritzt werden. Befallene Bäume leiden oft auch unter Gummifluß.
Fruchtkörper an Stamm und Ästen, z. T. handtellergroß von verschiedenen Baumpilzen.	Baumschwämme, verschiedene Arten Pilzkrankheit S. 26	Befallene Pflanzen können nicht mehr gerettet werden. Fruchtkörper rechtzeitig, d. h. vor der Sporenbildung, entfernen und vernichten.
Absterbeerscheinungen an Laubgehölzen. Auf den abgestorbenen Rindenpartien zunächst hellrote, im darauffolgenden Jahr dunkelrote, ca. stecknadelkopfgroße Pusteln in großer Zahl.	Rotpustelkrankheit, *Nectria cinnabarina* Pilzkrankheit S. 26	Schwächeparasit, Ansteckung über Wunden. Chemische Bekämpfung nicht möglich – Ausschneiden der befallenen Pflanzenteile, Behandlung der Schnittstellen mit Baumwachs. Gute Wachstumsbedingungen schaffen.
Pflanzen sitzen oft nur noch locker im Boden. Hauptwurzeln benagt oder durchgefressen. Laubgehölze bleiben in ihrer Entwicklung zurück und sterben ab.	Wühl- oder Schermaus Tierischer Schädling S. 38	Aufstellen von Wühlmausfallen. Anwendung von Köder- bzw. Vergasungsmitteln. Ködermittel niemals offen auslegen. Gebrauchsanweisung unbedingt beachten!
Laubblätter an einzelnen Trieben, meist einseitig an der Pflanze vertrocknet, die befallenen Triebe sterben ab und treiben im nächsten Jahr nicht wieder aus.	Wirtelpilz, *Verticillium alboatrum* Pilzkrankheit S. 26	Bekämpfung mit chemischen Pflanzenschutzmitteln nicht möglich. Pflanzen sterben langsam ab.

◁ Eichenblattläuse mit Eiern

Ziergehölze

Borkenkäferbefall

Rotpustelkrankheit

Schadbild	Ursache	Abwehr
An den Triebspitzen der Laubgehölze welkende Blätter, die sich schnell dunkelbraun verfärben und völlig trocken werden. Die abgestorbenen Blätter bleiben an den Trieben hängen. Die Triebspitzen verbräunen sich ebenfalls, neigen sich hakenförmig nach unten und sterben ab. Befallen werden nur: Apfel, Birne, Weißdorn, Rotdorn, Zwergmispel, Quitte, Stranvaesia, Feuerdorn.	Feuerbrand, *Erwinia amylovora* Bakteriose S. 26	Die Krankheit ist meldepflichtig. Befallene Pflanzen müssen sofort vernichtet werden!
Zahlreiche gut sichtbare, flaumigweiße Pünktchen. Bei starkem Befall Wuchshemmung.	Schmier- oder Wolläuse Tierischer Schädling S. 33	Para Sommer, 20 ml/l, B 4; Roxion, 1,5 ml/l Wasser, Xn, W 2, B 1; Unden flüssig, 1,5 ml/l, Xn, W 2, B 1; Stark befallene Pflanzenteile ausschneiden.
Mehr oder weniger stark gewölbte, gelblich bis bräunliche Schilde, an Blättern und Trieben. Klebrige Ausscheidungen (Honigtau) verschmutzen die Pflanzen dann, wenn sich auf diesen Ausscheidungen Rußtaupilze angesiedelt haben.	Schildläuse, siehe oben, Schmierläuse Tierischer Schädling S. 33	

Baumschwamm (Fruchtkörper)

Wollausbefall (Läuse mit weißen Wachsausscheidungen)

Schadbild	Ursache	Abwehr
Lochfraß an Laubgehölzen. Junge Blättchen zusammengesponnen.	Raupen des Kleinen und/oder Großen Frostspanners (Typisch: »Katzenbuckel«) Tierischer Schädling S. 33	Neudorff's-Raupenspritzmittel, 1 g/l, W 2, B 4; Blattlaus-Vernichter Nexion, 1 ml/l, B 1; Ekamet, 1 ml/l, B 1, W 2; Spruzit flüssig, 1 ml/l, B 4; Schädlingsfrei Parexan, 1 ml/l, B 4; Rotenol-Emulsion, 1 ml/l, B 4.
Blattoberseits kleine, weißliche Saugstellen, hell gesprenkelt. Blattunterseits kleine Milben.	Spinnmilben Tierischer Schädling S. 28	Spruzit flüssig, 1 ml/l, B 4; Schädlingsfrei Parexan, 1 ml/l, B 4; Rotenol-Emulsion, 1 ml/l, B 4.
Gelblich bis weißliche Sprenkelung an Laubgehölzen, zunächst an den Blattadern entlang, später über die Blattfläche verteilt. Blattunterseits zahlreiche gelblichgrüne Insekten, die entweder geflügelt oder ungeflügelt sein können. Sie springen bei der leisesten Berührung der Äste oder der Blätter weg.	Zikaden Tierischer Schädling S. 33	Bekämpfung zumeist nicht erforderlich.

Ziergehölze

Schäden durch Gallmilben

Schildläuse

Schadbild	Ursache	Abwehr
Blätter deformiert, entweder gerollt oder gekräuselt. Auch Triebspitzen gekrümmt. Zumeist blattunterseits Blattläuse, die verschieden gefärbt sein können. Befallene Pflanzenteile oft klebrig (Honigtau) und mit schwarzem Überzug versehen (Rußtau).	Blattläuse Tierischer Schädling S. 30	Beosit 35 flüssig, 1 ml/l, Xn, B 4; Blattlaus-Vernichter Nexion, 0,5 ml/l, B 1; Coneton 100, 5 ml/l, W 2, B 1; Insekten-Stäubemittel Hortex neu, 2,5 g/m^2, Xn, B 4; Schädlingsfrei Parexan, 1 ml/l, B 4; Rotenol-Emulsion, 1 ml/l, B 4; Rotenol-Staub, 2,5 g/m^2, B 4; Spruzit flüssig, 1 ml/l, B 4; Spruzit-Staub, 2,5 g/m^2, B 4. Brennessel-Brühe: siehe S. 19, Schmierseifen-Brühe: siehe S. 19. Einzelne, befallene Triebe ausbrechen.
An Laubgehölzen blattoberseits grüne oder rotgefärbte zipfelartige Gallen.	Gallmilben Tierischer Schädling S. 28 Durch den Speichel der Gallmilben gelangen Substanzen in die Zellen, die zur Gallenbildung anregen.	Bekämpfung ist nicht erforderlich!

Schadbild	Ursache	Abwehr

Berberitze, *Berberis*

Schadbild	Ursache	Abwehr
Blattunterseits orangefarbene, stäubende Pusteln. Junge Triebe und Blütenblätter können ebenfalls befallen werden.	Rostkrankheit, *Puccinia* spec. Pilzkrankheit S. 26	Bekämpfung mit chemischen Pflanzenschutzmitteln nicht erforderlich. Widerstandsfähige Arten anbauen.

Weitere Krankheiten und Schädlinge: Blattläuse S. 130.

Buchsbaum, *Buxus*

Schadbild	Ursache	Abwehr
Von den Triebspitzen ausgehend Blätter löffelartig bis halbkugelförmig nach oben gewölbt. Meistens erhöhte Blattzahl an den befallenen Trieben. Klebrige Ausscheidungen durch Honigtau, zumeist Rußtaubildung. An den Blättern weiße Wachsausscheidungen sichtbar.	Buchsbaumblattfloh Tierischer Schädling S. 34	Kurz vor dem Austrieb Austriebsspritzmittel Nexion Öl, 5 ml/l, B 1; Während der Vegetation: Ekamet, 1 ml/l, B 1, W 2.
Nahe der Mittelrippe blattoberseits gelblichgrüne, rundliche Flecken. Blattunterseits sind die entsprechenden Stellen blasenartig aufgetrieben. Etwa ab Mai kann man in diesen Blasen deutlich eine Puppe erkennen.	Buchsbaumgallmücke Tierischer Schädling S. 36	Ab Ende Mai, wenn Eiablage erfolgt, spritzen mit Unden flüssig, 2 ml/l, Xn, W 2, B 1.

Weitere Krankheiten und Schädlinge, S. 128, 129: Schildläuse, Spinnmilben.

Waldrebe, *Clematis*

Schadbild	Ursache	Abwehr
Plötzliches Welken der Pflanzen; dann Absterben. Häufig in schwerem, undurchlässigen Boden, auch nach Spätfrösten gehäuft auftretend.	Ungeklärt, manchmal ein Welkepilz Pilzkrankheit S. 26	Keine Bekämpfung möglich.
Mehliger Belag, der abwischbar ist.	Echter Mehltau *Erysiphe* spec. Pilzkrankheit S. 26	Wiederholte Behandlungen mit Pilzbekämpfungsmitteln, die systemische Eigenschaften besitzen, wie: Baymat flüssig 1,25 ml/1 l, B 4 Nimrod 0,75 ml/1 l, B 4 Sparol 1 ml/1 l, B 4

Laubgehölze

Schadbild	Ursache	Abwehr
Efeu, *Hedera*		
Rundliche braune Flecken auf den Blättern, oftmals mit dunklen, konzentrischen Ringen oder schwarzen Punkten. Befallene Blätter werden abgeworfen.	Phyllosticta-Blattfleckenkrankheit, *Phyllosticta hedericola* Pilzkrankheit S. 26	Bekämpfung mit chemischen Pflanzenschutzmitteln nicht möglich. Befallene Blätter abpflücken.

Weitere Krankheiten und Schädlinge S. 128–130: Schildläuse, Spinnmilben, Blattläuse.

Schadbild	Ursache	Abwehr
Essigbaum, *Rhus*		
Äste und Triebe sterben von der Spitze her ab. Vom Boden her erfolgt aber immer wieder Neuaustrieb.	Nichtparasitäre Krankheitserscheinung, schlechter Standort.	Alle 2–3 Jahre mit 200 g kohlensaurem Kalk/m². Zurückschneiden der abgestorbenen Äste bis ins gesunde Holz, behandeln der Wunden mit Wundverschlußmittel.
Wie oben	Welkepilz, *Verticillium* spec. Pilzkrankheit S. 26	Wie oben, reichliche Humuszufuhr kann die Ausbreitung des Pilzes manchmal eindämmen.

Schadbild	Ursache	Abwehr
Feuerdorn, *Pyracantha*		
An den Blättern und Blüten braungraue, samtige, sich stark vergrößernde Blattflecken. Befallene Blätter sterben vorzeitig ab. Früchte von schwarzgrauem Belag überzogen, schrumpeln ein.	Feuerdornschorf, *Fusicladium pyracanthae* Pilzkrankheit S. 26	Bei feuchtwarmer Witterung je 1 Spritzung in den Monaten April, Mai, Juni mit: Euparen, 1,5 g/l, B 4; Dithane Ultra, 2 g/l, B 4; Antracol, 1,5 g/l, B 4; Pomarsol forte, 2 g/l, Xi, B 4; Saprol, 1,25 ml/l, B 4. Durch Schnittmaßnahmen im Frühjahr auslichten. Abgefallenes Laub entfernen.
Blätter und Triebspitzen verfärben sich erst braun und später schwarz. Befallene Pflanzen sehen aus wie verbrannt.	Feuerbrand, *Erwinia amylovora* Bakteriose S. 26	Krankheit ist meldepflichtig. Befallene Sträucher müssen umgehend entfernt werden.

Weitere Krankheiten und Schädlinge: Blattläuse S. 130.

Schadbild	Ursache	Abwehr

Fingerstrauch, *Potentilla*

Schadbild	Ursache	Abwehr
Blätter ober- und unterseits mit mehlartigem Belag versehen, der abwischbar ist, verbräunen, vertrocknen und fallen ab. Auch junge Triebe können befallen sein.	Echter Mehltau, *Sphaeroteca* spec. Pilzkrankheit S. 26	Wiederholte Behandlungen mit Pilzbekämpfungsmitteln, die systemische Eigenschaften besitzen, wie: Baymat flüssig, 1,25 ml/l, B 4; Nimrod, 0,75 ml/l, B 4; Saprol, 1 ml/l, B 4.

Flieder, *Syringa*

Schadbild	Ursache	Abwehr
Blütenknospen verbräunt, sterben ab. Die Rinde unterhalb der Blüten ist eingeschrumpft und verbräunt bei scharfer Abgrenzung zum noch gesunden Gewebe. Die Triebe kümmern zunächst und sterben dann später ganz ab.	Zweig- und Knospenkrankheit, *Phytophthora syringae* Pilzkrankheit S. 26	Bekämpfung mit chemischen Pflanzenschutzmitteln nicht möglich. Befallene Triebe bis ins gesunde Holz zurückschneiden.

Schorfbefall an Feuerdornbeeren

Schäden durch die Fliedermotte – das Blatt ist bereits eingerollt.

Schadbild	Ursache	Abwehr
Geschlängelte Gangminen bzw. größere Blattminen, in denen sich zumeist Larven finden. Im späteren Verlauf rollen sich die Blätter und werden von Spinnfäden zusammengehalten. In diesen Blattwickeln fressen mehrere Larven.	Fliedermotte Tierischer Schädling S. 35	Bekämpfung mit chemischen Pflanzenschutzmitteln nicht erforderlich. Befallene Blätter abpflücken.
Blätter aufgehellt, gelbe Ringe und Flecken. Bei stärkerem Befall Risse und Löcher.	Ringfleckenmosaik Virose S. 25	Siehe S. 133 Zweig- und Knospenkrankheit.
In den Monaten Mai–Juni glasig durchscheinende, später bräunliche Flecken mit einem durchsichtigem Rand. Blätter verkrüppeln. Junge Triebe werden einseitig braun und knicken.	Fliederseuche, *Pseudomonas syringae* Bakteriose S. 26	Siehe S. 133 Zweig- und Knospenkrankheit.

Weitere Krankheiten und Schädlinge S. 127–128: *Verticillium*, Wühlmäuse, Schildläuse.

Forsythie, *Forsythia*

Krebsartige Anschwellungen besonders an den Trieben von älteren Pflanzen. Bei stärkerem Befall Absterben der Triebe.	Bakterienkrebs, *Corynebacterium fascians* Bakteriose S. 26	Eine Bekämpfung mit chemischen Pflanzenschutzmitteln ist nicht möglich. Befallene Triebe ausschneiden.

Schadbild	Ursache	Abwehr
In den Monaten Mai–Juni glasig durchscheinende, später bräunliche Flecken mit einem durchsichtigen Rand. Blätter verkrüppeln. Junge Triebe werden einseitig braun und knicken.	Bakterienseuche, *Pseudomonas syringae* Bakteriose S. 26	Siehe Bakterienkrebs S. 134.
Zunächst kleine gelbliche Saugstellen an den Blättern. Später wellig verbogen, verkrüppelt oder aber durchlöchert. Bei stärkerem Befall auch Triebspitzen verkrüppelt.	Blattwanzen Tierischer Schädling S. 31	Unden flüssig, 1,5 ml/l, Xn, W 2, B 1. Wiederholte Behandlung, am besten am frühen Morgen.
Blüten und Triebspitzen verfärben sich im Frühjahr braun und sterben ab.	Blütenwelke, *Monilia* spec., *Botrytis* spec. Pilzkrankheiten S. 26	Bekämpfung mit chemischen Pflanzenschutzmitteln nicht erforderlich. Befallene Triebe ausschneiden.

Weitere Krankheiten und Schädlinge S. 127, 129: *Verticillium*, Spinnmilben.

Bakterienkrebs; Geschwulst am Trieb

Blütenwelke bei Forsythie

Larve des Großen Frostspanners

Platzminen der Ilexminierfliege

Schadbild	Ursache	Abwehr

Hainbuche, *Carpinus*

Schadbild	Ursache	Abwehr
Rinde platzt auf und löst sich vom Holzkern. Darunter Fruchtkörper eines Pilzes.	Hainbuchen-Sterben, *Dermetea carpinea* Pilzkrankheit S. 26	Bekämpfung mit chemischen Pflanzenschutzmitteln nicht möglich. Kranke Äste ausschneiden. Wunden mit Wundpflegemitteln behandeln. Hohe Luftfeuchtigkeit fördert die Krankheit.

Weitere Krankheiten und Schädlinge S. 127, 129: Rotpustelkrankheit, Spinnmilben, Kleiner/Großer Frostspanner.

Ilex, *Ilex*

Schadbild	Ursache	Abwehr
In den Blättern geschlängelte Gangminen oder größere Platzminen. Im Inneren der Minen Kotkrümel, Maden oder kleine Puppen. Blätter vergilben und fallen ab.	Ilex-Minierfliege Tierischer Schädling S. 36	Bei schwachem Befall befallene Blätter abpflücken. Ab Anfang Juni 2 mal im Abstand von 14 Tagen behandeln mit: Ambush, 0,1 ml/l, B1; Decis flüssig, 0,3 ml/l, Xn, B1.

Weitere Krankheiten und Schädlinge S. 128: Schmierläuse, Schildläuse.

Rostpusteln an Immergrün

Schadbild	Ursache	Abwehr
Immergrün, *Vinca*		
Einzelne Triebe welken. Stengel schwarzbraun verfärbt.	Stengelfäule, *Phyllosticta* spec. Pilzkrankheit S. 26	Kranke Triebe sorgfältig entfernen.
Blattunterseits Rostpusteln von rostbrauner oder schwarzer Farbe.	Rostpilze, *Puccinia* spec. Pilzkrankheit S. 26	Bei starkem Befall oberirdische Teile im Frühjahr entfernen. Bei Neuaustrieb wiederholt mit systemischen Pilzbekämpfungsmitteln: Baymat flüssig, 1 ml/l, B 4; Saprol, 1,5 ml/l, B 4.
Mahonie, *Mahonia*		
Blätter ober- und unterseits mit mehlartigem Belag versehen, der abwischbar ist. Blätter verbräunen und vertrocknen. Auch Stengel, Blüten und Früchte können befallen sein.	Echter Mehltau, *Micosphaera* spec. Pilzkrankheit S. 26	Wiederholte Behandlungen mit Pilzbekämpfungsmitteln, die systemische Eigenschaften besitzen, wie: Baymat flüssig, 1,25 ml/l, B 4; Nimrod, 0,75 ml/l, B 4; Saprol, 1 ml/l, B 4.

Schadbild	Ursache	Abwehr
Blattunterseits im Frühsommer gelbliche, später braune, kleine, stäubende Pusteln. Blattoberseits rötliche Flecken.	Mahonienrost, *Cumminsiella* spec. Pilzkrankheit S. 26	Befallene Triebe im Herbst zurückschneiden. Bei Neuaustrieb wiederholte Behandlungen mit Pilzbekämpfungsmittel: Baymat flüssig, 1 ml/l, B 4; Saprol, 1,5 ml/l, B 4.

Mandelbaum, Zierkirsche, *Prunus*

Junge Triebe welken kurz nach der Blüte, verfärben sich braun und sterben ab.	Triebspitzenwelke, *Monilia laxa* Pilzkrankheit S. 26	Bei Regenwetter kurz vor oder während der Blütezeit 1–2 Behandlungen mit: Saprol, 1,5 ml/l, B 4. Meistens ist es ausreichend, die befallenen Triebe frühzeitig bis ins gesunde Holz zurückzuschneiden.

Oleander, *Nerium*

Zweige mit dunklen, aufgerissenen oder krebsartigen Wucherungen. Blätter mit schwarzen, hellumrandeten Flecken. Bei stärkerem Befall Triebspitzen, Blüten und Fruchtstände schwarzbraun verfärbt.	Oleanderkrebs, *Pseudomonas tonelliana* Bakteriose S. 26	Befallene Pflanzenteile sofort entfernen. Hohe Luftfeuchtigkeit fördert das Auftreten der Krankheit. Bekämpfung mit chemischen Pflanzenschutzmitteln ist nicht möglich.

Weitere Krankheiten und Schädlinge: Schildläuse S. 128.

Schildläuse an Oleander; häufig sitzen die Läuse an der Mittelrippe des Blattes.

Schadbild	Ursache	Abwehr

Rhododendron, Freiland-Azalee, *Rhododendron*

Schadbild	Ursache	Abwehr
Blätter an einzelnen Zweigen verfärben sich grau, rollen sich ein und fallen ab. Die Krankheit breitet sich von den Endknospen aus und kommt beim älteren Holz zum Stillstand. Befallene Zweige sind eingeschrumpft.	Zweigsterben, *Phytophthora cactorum* Pilzkrankheit S. 26	Bekämpfung mit chemischen Pflanzenschutzmitteln im Kleingartenbereich nicht möglich! Befallene Äste ausschneiden.
Fahlgrünes Laub, das welkt und später abstirbt. Jüngere Pflanzen sind besonders gefährdet.	Wurzel- und Stammfäule, *Phytophthora cinnamoni* Pilzkrankheit S. 26	Bekämpfung mit chemischen Präparaten im Kleingarten nicht möglich. Befallene Pflanzen entfernen. Vor Neupflanzung an derselben Stelle 2–3 Jahre warten.

Ohrläppchenkrankheit

Schäden durch ungünstige Standortbedingungen

Schadbild	Ursache	Abwehr
Blätter oberseits gelblich gesprenkelt, unterseits bräunlich verfärbt. Blattränder rollen sich nach unten. Blätter vertrocknen und werden abgeworfen. Blattunterseits kleine Wanzen.	Rhododendron-Hautwanze Tierischer Schädling S. 31	Unden flüssig, 1,5 ml/l, Xn, W 2, B 1; von Mai–Juni mehrmals im Abstand von 14 Tagen.
Blattunterseits weiße und bepuderte, ca. 2 mm lange, geflügelte Insekten. Auch unbewegliche Larven und puppenähnliche Stadien. Befallene Blätter klebrig (Honigtau) und mit schwarzem Überzug versehen (Rußtau).	Weiße Fliege Tierischer Schädling S. 32	Bekämpfung nur bei stärkerem Befall notwendig. Mehrmals im Abstand von 5 Tagen mit: Ambush, 0,1 ml/l, B 1; Decis, 0,3 ml/l, Xn, B 1; behandeln. Blattunterseiten müssen getroffen werden.

Schadbild	Ursache	Abwehr
Die jüngsten Blättchen an den Triebspitzen fleischig verdickt, blasenartig deformiert und zunächst weißlich oder später auch rötlich verfärbt. Auch Blütenblätter können befallen sein.	Ohrläppchenkrankheit, *Exobasidium rhododendri* Pilzkrankheit S. 26	Befallene Pflanzenteile entfernen. Wiederholte Behandlungen mit: Saprol, 1 ml/l, B 4.
Vergilbungen, wobei die Blattadern meistens noch grün sind.	Gelbsucht (Chlorose, nicht parasitäre Erscheinung)	Boden auf Nährstoffzusammensetzung untersuchen lassen und danach entsprechende Maßnahmen durchführen.
Eingerollte Blätter im Winter.	Trockenheit	Pflanze rechtzeitig im Herbst gut wässern.
Blätter vom Rande her bogenförmig ausgefressen. Im Boden schädigen zusätzlich kleine weiße Larven mit brauner Kopfkapsel.	Gefurchter Dickmaulrüßler Tierischer Schädling S. 34	Käfer abends im Dämmerlicht absammeln. Pflanzen spritzen und gießen mit: Ekamet, 1 ml/l, W 2, B 1.

Weitere Krankheiten und Schädlinge: Schildläuse S. 128.

Rose, *Rosa*

Rosen sind mit sich selbst unverträglich. Pflanzt man Rosen auf eine Fläche, wo vorher schon Rosen standen, wird der Wuchs und die Entwicklung stark negativ beeinflußt.

Geschwülste an den Wurzeln faustdick, oft blumenkohlartig. Bei starkem Befall Wuchshemmungen.	Wurzelkropf, *Agrobacterium tumefaciens* Bakteriose S. 26	Bekämpfung mit chemischen Pflanzenschutzmitteln nicht möglich. Stark befallene Pflanzen entfernen.
Rosen kümmern, geringer Zuwachs. Wurzeln zerstört, manchmal auch kleine Verdickungen an den Wurzeln.	Wandernde Wurzelnematoden oder Wurzelgallenälchen Tierischer Schädling S. 27	Bekämpfung mit chemischen Mitteln nicht möglich: *Tagetes* zwischen die Rosen gepflanzt, wirken befallsmindernd.
Auf der Rinde hell- oder dunkelbraune Flecken, die rötlich umrandet sind. Die Ränder wölben sich im Laufe der Zeit auf. Schlecht ausgereiftes Holz ist besonders anfällig.	Rindenbrand, *Coniothyrium wernsdorffiae* Pilzkrankheit S. 26	Bekämpfung mit chemischen Pflanzenschutzmitteln nicht möglich. Befallene Triebe ausschneiden.
Grüngelblich oder rötlich, wie bemoost aussehende, bemerkenswert große Gallen.	Rosenäpfel, Gallwespe Tierischer Schädling S. 35	Gallen entfernen und vernichten.

Rosenmehltau

Falscher Mehltau bei Rosen

Rosenrost (Blattunterseite)

Sternrußtau

Wurzelkropf

Schaden durch die Rosenblattrollwespe

Schadbild	Ursache	Abwehr
Zweige welken und vertrocknen. Mark ausgefressen. Beim Längsschnitt Larven sichtbar. Es handelt sich um Blattwespenlarven.	Rosentriebbohrer Es wird unterschieden in: Aufsteigender Rosentriebbohrer und Abwärtssteigender Rosentriebbohrer Tierischer Schädling S. 34	Bekämpfung mit chemischen Pflanzenschutzmitteln nicht erforderlich. Befallene Triebe rechtzeitig entfernen.
Blattoberseits und an den Trieben dunkelbraune bis schwarze, unregelmäßige Flecken. Bei hoher Luftfeuchtigkeit blattunterseits gräulicher Schimmelrasen. Blütenfarbe blaß. Blüten deformiert.	Falscher Mehltau, *Peronospora sparsa* Pilzkrankheit S. 26	Kommt seltener vor. Befallene Triebe ausschneiden.
Gelbliche Flecken auf den Blättern, gelegentlich ringförmig angeordnet oder in Bändern.	Rosengelbmosaik Virose S. 25	Bekämpfung mit Pflanzenschutzmitteln nicht möglich. Befallene Pflanzen entfernen.
Blätter ober- und unterseits mit mehlartigem Belag versehen, der abwischbar ist. Blätter verbräunen und vertrocknen. Auch Stengel und Blüten können befallen werden.	Echter Mehltau, *Sphaerotheca pannosa* Pilzkrankheit S. 26	Ab Anfang Mai wiederholte Behandlungen mit: Baymat flüssig, 1,25 ml/l, B 4; Nimrod, 0,75 ml/l, B 4; Saprol, 1 ml/l, B 4.

Schadbild	Ursache	Abwehr
Ab Ende Mai, stärker jedoch im Spätsommer, unterschiedlich große, meist runde, braune bis schwarze Flecken mit einem typisch strahligen Rand. Befallene Blätter vergilben und fallen vorzeitig ab.	Sternrußtau, *Diplocarpon rosae* Pilzkrankheit S. 26	Baymat flüssig, 1 ml/l, B 4; Saprol, 1,5 ml/l, B 4.
Rostpusteln, die im Frühjahr rötlich, später gelblich und im Herbst schwärzlich gefärbt sind. Auf der Blattoberseite gelblichrötliche Flecken (etwas kleiner als stecknadelgroß) befallene Blätter fallen vorzeitig ab.	Rosenrost, *Phragmidium mucronatum* Pilzkrankheit S. 26	Siehe oben, Sternrußtau.
Zunächst kleine, gelbliche Saugstellen. Blätter später wellig verbogen, verkrüppelt oder aber durchlöchert. Bei stärkerem Befall auch Triebspitzen verkrüppelt.	Blattwanzen Tierischer Schädling S. 31	Unden flüssig, 1,5 ml/l, Xn, W 2, B 1. Wiederholte Behandlungen.
Gelblich bis weißliche Sprenkelung, zunächst an den Blattadern entlang, später über die Blattfläche verteilt. Blattunterseits zahlreiche gelblichgrüne Insekten, die entweder geflügelt oder ungeflügelt sein können. Sie springen bei der leisesten Berührung weg.	Zikaden Tierischer Schädling S. 33	Beosit 35 flüssig, 1 ml/l, Xn, B 4; Blattlaus-Vernichter Nexion, 0,5 ml/l, B 1; Croneton 100, 5 ml/l, B 1, W 2 Insekten-Stäubemittel Hortex neu, 2,5 g/m^2, B 4; Schädlingsfrei Parexan, 1 ml/l, B 4; Rotenol-Emulsion, 1 ml/l, B 4; Rotenol-Staub, 2,5 g/m^2, B 4; Spruzit flüssig, 1 ml/l, B 4; Spruzit-Staub, 2,5 g/m^2, B 4.
Abwärts geneigte, eng nach unten eingerollte Blätter.	Rosenblattrollwespe Tierischer Schädling S. 35	Bekämpfung mit chemischen Pflanzenschutzmitteln nicht notwendig. Eingerollte Blätter frühzeitig entfernen.
Fensterfraß. Blattunterseits nacktschneckenähnliche Larven.	Rosenblattwespe Tierischer Schädling S. 35	Bekämpfung wie bei Zikade, siehe oben.
Vergilbungen der Blätter, wobei die Blattadern zunächst noch grün bleiben.	Eisenmangel, Chlorose	Boden auf Nährstoffzusammensetzung untersuchen lassen und danach entsprechende Düngungsmaßnahmen durchführen.
Vom Rande her bogenförmig ausgefressene Blätter. Im Boden schädigen zusätzlich kleine, weiße Larven mit brauner Kopfkapsel.	Gefurchter Dickmaulrüßler Tierischer Schädling S. 35	Käfer abends im Dämmerlicht absammeln. Pflanzen spritzen und gießen mit: Ekamet, 1 ml/l, W 2, B 1.

Schadbild	Ursache	Abwehr
Blütenstengel kurz unterhalb der Knospe angefressen. Knospen welken oder knicken ab.	Himbeerblütenstecher Tierischer Schädling S. 34	Bekämpfung mit chemischen Pflanzenschutzmitteln nicht notwendig. Käfer absammeln.
Blütenblätter werden pockig und faulen. Blütenknospen bleiben stecken und öffnen sich nicht, auch hier Fäulnis. Mausgrauer Schimmelrasen.	Grauschimmel, *Botrytis cinerea* Pilzkrankheit S. 26	Bekämpfung mit chemischen Pflanzenschutzmitteln nicht erforderlich. Verblühte Blüten möglichst früh ausschneiden.

Weitere Krankheiten und Schädlinge, S. 129, 130: Frostspanner, Spinnmilben, Blattläuse.

Zierjohannisbeere, *Ribes*

Einzelne Triebe welken und sterben ab. Schneidet man diese der Länge nach auf, findet man im Mark kleine, weißlichgelbe Räupchen.	Johannisbeerglasflügler Tierischer Schädling S. 35	Befallene Triebe ausschneiden.
Knospen im Frühjahr rund und kugelig angeschwollen. Befallene Knospen treiben nicht aus und vertrocknen.	Johannisbeergallmilbe Tierischer Schädling S. 29	Im zeitigen Frühjahr sofort beim Sichtbarwerden eines stärkeren Befalls, spritzen mit: Beosit 35 flüssig, 1 ml/l, Xn, B 4. Oft reicht es vollkommen aus, die befallenen Knospen auszubrechen.
Blätter an den Triebspitzen zusammengerollt. Triebe gestaucht. Blattunterseits zahlreiche grüne, mit Wachs bepuderte Blattläuse. Befallene Pflanzenteile stark mit Honigtau bzw. Rußtau verunziert.	Johannisbeertrieblaus Tierischer Schädling S. 30	Bei stärkerem Befall während der Blütezeit mit: Rotenol-Emulsion, 1 ml/l, B 4; Schädlingsfrei Parexan, 1 ml/l, B 4; Spruzit flüssig, 1 ml/l, B 4.
Unregelmäßig deformierte, Risse bzw. Kräuselungen oder Löcher von unregelmäßiger Größe auf den Blättern.	Blattwanzen Tierischer Schädling S. 31	Bekämpfung meist nicht erforderlich.
Besonders bei längeren Regenperioden kleine, braune Flecken auf den Blättern, die ineinander übergehen. Blätter rollen sich ein und fallen vorzeitig ab.	Blattfallkrankheit, *Drepanopeziza ribis* Pilzkrankheit S. 26	Im Kleingartenbereich keine Präparate geprüft und zugelassen. Abgefallenes Laub, auf dem die Krankheit überwintert, beseitigen. In gefährdeten Lagen 3 Behandlungen mit: Euparen, 2 g/l, B 4, 1.) vor der Blüte, 2.) 14 Tage nach der 1. Spritzung, 3.) 14 Tage nach der 2. Spritzung.

Schadbild	Ursache	Abwehr
Blattunterseits im Hochsommer bräunlicher Sporenbelag. Blätter werden braun und fallen bei stärkerem Befall frühzeitig ab.	Säulenrost, *Cronartium ribicola* Pilzkrankheit S. 26	Pilz ist wirtswechselnd und benötigt Weymouthskiefer o. a. fünfnadelige Kiefern für seine Entwicklung. Ab Befallsbeginn 4 Behandlungen, jeweils im Abstand von 10–14 Tagen mit Phytox Super, 2 g/l, B 4; Polyram Combi, 2 g/l, B 4.
Brennesselartig deformierte Blätter mit Farbveränderungen.	Johannisbeer-Nesselblatt-Mosaik-Virus Virose S. 25	Keine Bekämpfung mit chemischen Pflanzenschutzmitteln möglich. Befallene Triebe ausschneiden.
Oberseits blasig aufgetriebene Blätter. Unterseits gelbgrüne Blattläuse.	Johannisbeer-blasenlaus Tierischer Schädling S. 30	Bekämpfung meist nicht erforderlich. Stärker befallene Blätter frühzeitig abpflücken, solange die Läuse noch da sind.

Zwergmispel, *Cotoneaster*

Blätter und Triebspitzen verfärben sich erst braun, später schwarz. Triebspitzen U-förmig gebogen. Befallene Pflanzen sehen aus wie verbrannt.	Feuerbrand, *Erwinia amylovora* Bakteriose S. 26	Krankheit ist meldepflichtig! Befallene Sträucher müssen sofort entfernt werden!

Weitere Krankheiten und Schädlinge S. 128, 129: Schildläuse, Spinnmilben.

Feuerbrand; die Triebspitze ist U-förmig gebogen

Feuerbrand an *Cotoneaster* (Blüteninfektion)

Nadelgehölze

Die wichtigsten Krankheiten und Schädlinge an Nadelgehölzen.

Schadbild	Ursache	Abwehr
Douglasie, *Pseudotsuga*		
Flockige, weiße Wachsausscheidungen an den Nadeln, die dann vergilben. Wachstumshemmungen.	Wolläuse (wirtswechselnd, verursachen Gallen an der Sitka-Fichte) Tierischer Schädling S. 33	Vor Knospenaufbruch Austriebsspritzmittel z. B Nexion-Öl, 5 ml/l, B 1. Nach dem Austrieb: Unden flüssig, 2 ml/l, Xn, W 2, B 1.

Wolläuse an Douglasie

Schäden durch Knospengallmilben an *Taxus* (rechts gesund)

Schadbild	Ursache	Abwehr
Eibe, *Taxus baccata*		
Fraßschäden an den Nadeln, Fraßschäden an der Rinde in Bodennähe.	Taxuskäfer (Dickmaulrüßler) Tierischer Schädling S. 35	Käfer abends im Dämmerlicht absammeln. Pflanzen spritzen und gießen mit: Ekamet, 1 ml/l, W 2, B 1.
Austrieb der Endknospen im Frühjahr verkrüppelt oder fehlt ganz. Gesunde Seitenknospen treiben verstärkt aus, was zu einem besenartigen Wuchs führt.	Knospengallmilbe Tierischer Schädling S. 29	Bekämpfung mit chemischen Pflanzenschutzmitteln im allgemeinen nicht erforderlich. Im Einzelfall, wo die befallenen Triebe nicht ausgeschnitten werden können, ab Mitte April–Ende Juni 2 mal im Abstand von 14 Tagen mit: Beosit 35 flüssig, 1 ml/l, Xn, B 4, behandeln.

Schadbild	Ursache	Abwehr
Fichte, *Picea*		
Ananasähnliche Gallen an der Basis der Triebe.	Grüne Fichtengallenlaus Tierischer Schädling S. 30	Eine Bekämpfung mit chemischen Pflanzenschutzmitteln lohnt nur bei kleinen Bäumen: Austriebspritzmittel Nexion Öl, 5 ml/l, B 1; vor dem Austrieb im Frühjahr. Etwa 14 Tage später: Unden flüssig, 1,5 ml/l, W 2, B 1. Wenn möglich, befallene Pflanzenteile entfernen. Im Sommer, wenn die Gallen ausgebildet sind, können Pflanzenschutzmittel wirkungsvoll nicht mehr eingesetzt werden. Man kann nur noch die Zweige mit den Gallen abschneiden und verbrennen.
Erdbeerähnliche Gallen an den Spitzen der Triebe.	Rote Fichtengallenlaus Tierischer Schädling S. 30	
Gelbliche Flecken auf den älteren Nadeln, die abfallen, deutlich sichtbare Blattläuse an den Nadeln.	Sitkafichtenlaus (Fichtenröhrenlaus) Tierischer Schädling S. 30	Vor dem Austrieb im Frühjahr ein Austriebsspritzmittel Nexion Öl, 5 ml/l, B 1. Nach dem Austrieb verwendet man: Ekamet, 1 ml/l, W 2, B 1; Metasystox R spezial, 50 ml/10 l, je Meter Baumhöhe im Gießverfahren (Xn, B 1).

Sitkafichtenläuse

Schäden durch die Rote Fichtengallenlaus

Nadelbräune bei Omorikafichte

Nadelholzspinnmilben

	Schadbild	Ursache	Abwehr
	Nadeln im Frühjahr von grünlichen Raupen ausgehöhlt. Mehrere Nadeln röhrenartig zusammengesponnen.	Kleiner Fichtennadelmarkwickler Tierischer Schädling S. 35	Ende Juni 2 Behandlungen im Abstand von 2 Wochen mit: Ekamet, 1 ml/l, W 2, B 1.
	Nadeln vergilben, werden braun und fallen ab (Omorika-Fichte).	Nadelbräune bei Omorika-Fichten (nicht parasitäre Erscheinung, Magnesium-Mangel)	Besonders auf schweren, lehmigen oder stark mit Humus angereicherten Gartenböden kann Magnesium-Mangel auftreten. Im Frühjahr, kurz vor oder während des Austriebs je nach Größe des Baumes 200–500 g/Pflanze Bittersalz (Magnesiumsulfat) auf die Baumscheibe. Wiederholen im darauffolgenden Jahr.
	Helle, nadelstichartige Flecken, Nadeln verbräunen. Spinnfäden sind deutlich erkennbar.	Nadelholzspinnmilbe Tierischer Schädling S. 28	Metasystox R spezial, 2,5 ml/l, Xn, B 1.

Schadbild	Ursache	Abwehr
Kiefer, *Pinus*		
Knospen treiben im Frühjahr nicht aus oder aber der Austrieb ist verkrüppelt (Posthornbildung).	Kiefernknospentriebwickler Tierischer Schädling S. 35	Bekämpfung mit chemischen Pflanzenschutzmitteln meist nicht nötig. Befallene Triebe ausschneiden und vernichten.
Austrieb im Mai mit zahlreichen Läusen versehen, die mit weißer Wachswolle bedeckt sind.	verschiedene Wolllaus-Arten Tierischer Schädling S. 33	Vor dem Austrieb: Austriebspritzmittel Nexion Öl, 5 ml/l, B 1. Nach dem Austrieb: Unden flüssig, 2 ml/l, Xn, W 2, B 1.
Fraßschäden an den Nadeln, die gelegentlich zu Kahlfraß führen können. Zahlreiche Raupen.	Kiefernbuschhornblattwespe Tierischer Schädling S. 35	Bei Befall spritzen mit: Ekamet, 1 ml/l, W 2, B 1.

Kiefernknospentriebwickler; Larven im Neutrieb

Kiefernbuschhornblattwespe; geschädigter Zweig

Nadelgehölze

Lärche, *Larix*

Schadbild	Ursache	Abwehr
Zahlreiche mit weißer Wachswolle versehene Läuse. Befallene Nadeln mit gelben Flecken.	Lärchenwollaus oder auch Grüne Fichtengallenlaus Tierischer Schädling S. 30	Vor dem Austrieb: Austriebspritzmittel Nexion Öl, 5 ml/l, G-, B 1. Nach dem Austrieb: Unden flüssig, 2 ml/l, Xn, W 2, B 1.

Lebensbaum, *Thuja*

Schadbild	Ursache	Abwehr
Nadeln im Mai von der Spitze her gelb, später braun verfärbt. Sind miniert von ca. 3 mm langen Raupen.	Thuja-Miniermotte Tierischer Schädling S. 35	Mitte August 2mal im Abstand von 2 Wochen spritzen: Ambush, 0,1 ml/l, B 1; Decis, 0,3 ml/l, Xn, B 1.

Weitere Krankheiten und Schädlinge: Schildläuse S. 128.

Scheinzypresse, *Chamaecypasis*

Schadbild	Ursache	Abwehr
Nadeln verfärben sich mattgrün, vergilben, welken und vertrocknen.	Wurzelfäule, Stammfäule, *Phytophthora cinnamomi* Pilzkrankheit S. 26	Eine Bekämpfung mit chemischen Pflanzenschutzmitteln ist im Hausgartenbereich nicht möglich. Befallene Pflanzen entfernen. Vor einer Neupflanzung an derselben Stelle 2–3 Jahre warten.
Vergilben der Nadeln.	Physiologische Erscheinung	Scheinzypressen lieben sandig-lehmigen, wasserdurchlässigen Boden. Absterben der Wurzeln bei Luftmangel durch stauende Nässe im Boden. Oberirdische Pflanzenteile sterben in dem Maße ab, wie Wurzeln – solange bis das Gleichgewicht wiederhergestellt ist.
Nadeln verfärben sich graugrün und vertrocknen. Ein Gespinst ist deutlich sichtbar.	Nadelholzspinnmilbe Tierischer Schädling S. 28	Spruzit flüssig, 1 ml/l, B 4; Schädlingsfrei Parexan, 1 ml/l, B 4; Rotenol-Emulsion, 1 ml/l, B 4; Metasystox R spezial, 2,5 ml/l, Xn, B 1.

Birnengitterrost am Sadebaum als Zwischenwirt (Hauptwirt ist die Birne.)

Wacholder, *Juniperus*

Schadbild	Ursache	Abwehr
Äste spindelförmig verdickt. Im Frühjahr bei feucht-warmem Wetter tritt eine gelblichbraune, dickschleimige Masse (Pilzsporen) aus.	Birnengitterrost, *Gymnosporangium sabinae* Pilzkrankheit S. 26	Eine Bekämpfung mit chemischen Pflanzenschutzmitteln ist nicht möglich. Befallene Pflanzenteile entfernen.
Absterben einzelner Triebspitzen.	Zweigsterben, *Kabatina juniperi* Pilzkrankheit S. 26	Befallene Triebe ausschneiden. Im Herbst und im Frühjahr Dithane Ultra, 2 g/l, B 4.
Helle, nadelstichartige Flecke, Nadeln verbräunen. Spinnfäden sind deutlich erkennbar.	Nadelholzspinnmilbe Tierischer Schädling S. 28	Spruzit flüssig, 1 ml/l, B 4; Schädl.frei Parexan, 1 ml/l, B 4; Rotenol-Emulsion, 1 ml/l, B 4; Metasystox R spezial, 2,5 ml/l, Xn, B 1.

Weitere Krankheiten und Schädlinge: Schildläuse S. 128.

Schadbild	Ursache	Abwehr
Anemone, *Anemone*		
Mißfarbig, zunächst gelblichbraune später dunkelbraune bis schwärzliche Flecken auf den Blättern, die von den Hauptblattadern begrenzt sind. Bei starkem Befall, der durch nasse Witterung begünstigt wird, können die Blätter schwarz werden und absterben.	Blattälchen Tierischer Schädling S. 27	Befallsminderung durch 2 Behandlungen im wöchentlichen Abstand mit: Metasystox R spezial, 2,5 ml/l, Xn, B 1, Spritzung abends. Befallene Blätter abpflücken.
Aster, *Aster*		
Blätter vergilben, werden braun und sterben ab. Ganze Pflanzen sehen aus wie vertrocknet und gehen ein.	Welkekrankheit, *Verticillium alboatrum* Pilzkrankheit S. 26	Bekämpfung nicht möglich. Kranke Pflanzen mitsamt Wurzelwerk entfernen und vernichten. Nachpflanzung auf derselben Stelle ist ohne Bodenaustausch nicht möglich, der Erreger hält sich jahrelang im Boden.
Blätter versehen mit einem feinen, flächigen weißen Überzug. Bei stärkerem Befall vertrocknet das befallene Pflanzengewebe.	Echter Mehltau, *Erysiphe* spec. Pilzkrankheit S. 26	Ab Anfang Mai wiederholte Behandlungen mit: Baymat flüssig, 1,25 ml/l, B 4; Nimrod, 0,75 ml/l, B 4; Saprol, 1 ml/l, B 4.
An den verschiedensten Stellen weiße, schaumartige Masse (Kuckucksspeichel), darin eingehüllt kleine Insekten.	Schaumzikade Tierischer Schädling S. 33	Bekämpfung mit chemischen Pflanzenschutzmitteln nicht notwendig. Befallene Pflanzenteile entfernen.

Beseitigt man den Schaum, ist die Schaumzikade deutlich sichtbar.

Schadbild	Ursache	Abwehr

Christrose, *Helleborus*

Schadbild	Ursache	Abwehr
Auf den Blättern schwärzliche, unregelmäßige, bis zu 3 cm große, scharf begrenzte Flecken mit feinen, konzentrischen Zonen. Blätter vergilben vorzeitig und sterben ab.	Schwarzfleckenkrankheit, *Coniothyrium hellebori* Pilzkrankheit S. 26	Altes, befallenes Laub im Frühjahr (vor Neuaustrieb) entfernen und vernichten. Behandlungen mit: Grünkupfer, 5 g/l, B 4; nur dann erfolgreich, wenn regelmäßig in Abständen von 14 Tagen (Frühjahr–Herbst) wiederholt. Christrosen lieben durchlässige, kalkhaltige Böden. Ungünstige Standortbedingungen sind die häufigsten Ursachen für Schwarzfleckenkrankheit. Vor einer Neupflanzung sollte die Fläche mindestens 2 spatenstichtief gelockert und 100 g/m^2 kohlensaurer Kalk zugegeben werden.

Schwarzfleckenkrankheit bei Christrosen

Schadbild	Ursache	Abwehr
Neuausgetriebene Blätter verkrüppeln, bleiben klein und besitzen eine fahlgrüne Farbe. Der Wuchs der Pflanzen wird stark gehemmt.	Falscher Mehltau, *Peronospora* spec. Pilzkrankheit S. 26	Bekämpfung mit chemischen Pflanzenschutzmitteln im Kleingartenbereich nicht möglich. Befallene Pflanzen mitsamt dem Wurzelwerk entfernen und vernichten. Christrosen lieben lockeren, wasserdurchlässigen Boden mit hohem Kalkgehalt.

Chrysantheme, Margerite, *Chrysanthemum*

Schadbild	Ursache	Abwehr
Triebe und Blätter versehen mit einem feinen, flächigen, weißen Überzug. Bei stärkerem Befall vertrocknet das befallene Pflanzengewebe.	Echter Mehltau, *Oidium chrysanthemici* Pilzkrankheit S. 26	Ab Anfang Mai wiederholte Behandlungen mit: Baymat flüssig, 1,25 ml/l, B 4; Nimrod, 0,75 ml/l, B 4; Saprol, 1 ml/l, B 4.
An den verschiedensten Stellen weiße, schaumartige Masse (Kuckucksspeichel), darin eingehüllt kleine Insekten.	Schaumzikade Tierischer Schädling S. 33	Bekämpfung mit chemischen Pflanzenschutzmitteln nicht notwendig. Befallene Pflanzenteile entfernen.

Schadbild	Ursache	Abwehr
Befallene Blätter verkrüppelt. Triebe gestaucht oder gekrümmt. Pflanzen bleiben im Wuchs zurück.	Blattläuse Tierischer Schädling S. 30	Beosit 35 flüssig, 1 ml/l, Xn, B 4; Blattlaus-Vernichter Nexion, 0,5 ml/l, B 1; Insekten-Stäubemittel Hortex neu, 2,5 g/m^2, B 4; Schädlingsfrei Parexan, 1 ml/l, B 4; Rotenol-Emulsion, 1 ml/l, B 4; Rotenol-Staub, 2,5 g/m^2, B 4; Spruzit flüssig, 1 ml/l, B 4; Spruzit-Staub, 2,5 g/m^2, B 4. Brennessel-Brühe: siehe S. 19, Schmierseifen-Brühe: s. S. 19. Einzelne befallene Blätter abpflücken.
An den Blättern meist runde dunkelgraue bis schwärzliche Flecken, die später zusammenfließen.	Septoria-Blattfleckenkrankheit, *Septoria* spec. Pilzkrankheit S. 26	Bekämpfung mit chemischen Pflanzenschutzmitteln im allgemeinen nicht erforderlich. Befallene Blätter vorwiegend im unteren Stengelbereich entfernen und vernichten.

Septoria-Blattfleckenkrankheit

Schäden durch Blattälchen

Schadbild	Ursache	Abwehr
Mißfarbig, zunächst gelblichbraune später dunkelbraune bis schwärzliche Blattflecken, die von den Hauptblattadern begrenzt sind. Bei starkem Befall (Nässe) können die Blätter schwarz werden und absterben.	Blattälchen Tierischer Schädling S. 27	Befallsminderung durch 2 Behandlungen im wöchentlichen Abstand mit: Metasystox R spezial, 2,5 ml/l, Xn, B 1; Spritzungen abends. Befallene Blätter abpflücken.
Blätter zunächst weißlichgelb gesprenkelt, später vergilbend und absterbend. Blattunterseits zarte Gespinstüberzüge und kleine, grünlichgelbe oder rötliche Milben.	Spinnmilben Tierischer Schädling S. 28	Spruzit flüssig, 1 ml/l, B 4; Schädlingsfrei Parexan, 1 ml/l, B 4; Rotenol-Emulsion, 1 ml/l, B 4.
Geschlängelte, helle Gangminen. Zwischen Ober- und Unterhaut Larven oder Puppen.	Chrysanthemen-Minierfliege Tierischer Schädling S. 36	Im wöchentlichen Abstand mehrmals: Ambush, 0,1 ml/l, B 1; Decis flüssig, 0,3 ml/l, Xn, B 1.
Blätter und Triebspitzen verkrüppelt. Deutlich sichtbare, punktförmige Saugstellen, an denen das Gewebe sich zunächst gelblich, später braun verfärbt, verkorkt und schließlich abstirbt. Es entstehen auf den Blättern unterschiedlich große Löcher. Oft sind auch die Blütenköpfe schief gewachsen bzw. einseitig entwickelt.	Blattwanzen Tierischer Schädling S. 31	Bekämpfung dieser sehr lebhaften Tiere am besten früh morgens, wenn die Wanzen von der Nacht her noch klamm und unbeweglich sind. Wiederholte Spritzungen mit Unden flüssig, 1 ml/l, Xn, W 2, B 1 sind notwendig.

Gemswurz, *Doronicum*

Mißfarbig, zunächst gelblichbraune später dunkelbraune bis schwärzliche Blattflecken, die von den Hauptblattadern begrenzt sind. Bei starkem Befall (Nässe) können die Blätter schwarz werden und absterben.	Blattälchen Tierischer Schädling S. 27	Befallsminderung durch 2 Behandlungen im wöchentlichen Abstand mit: Metasystox R spezial, 2,5 ml/l, Xn, B 1; Spritzung abends. Befallene Blätter abpflücken.
Blätter versehen mit einem feinen, flächigen, weißen Überzug. Bei stärkerem Befall vertrocknet das befallene Pflanzengewebe.	Echter Mehltau, *Erysiphe* spec. Pilzkrankheit S. 26	Ab Anfang Mai wiederholte Behandlungen mit: Baymat flüssig, 1,25 ml/l, B 4; Nimrod, 0,75 ml/l, B 4; Saprol, 1 ml/l, B 4.

Schadbild	Ursache	Abwehr
Glockenblume, *Campanula*		
Blattunterseits zunächst gelb-rote, später gelblichbraune bis braune, stäubende Pusteln. Befallene Blätter rollen sich ein und vertrocknen bei starkem Befall.	Rost, *Coleosporium campanulae* Pilzkrankheit S. 26	Baymat flüssig, 1 ml/l, B 4; Saprol, 1,5 ml/l, B 4.
Lupine, *Lupinus*		
Triebe und Blätter versehen mit einem feinen, flächigen, weißen Überzug. Bei stärkerem Befall vertrocknet das befallene Pflanzengewebe.	Echter Mehltau, *Erysiphe* spec. Pilzkrankheit S. 26	Ab Anfang Mai wiederholte Behandlungen mit: Baymat flüssig, 1,25 ml/l, B 4; Nimrod, 0,75 ml/l, B 4; Saprol, 1 ml/l, B 4.
Befallene Pflanzenteile welken, weil die Wasserleitungsbahnen in der Pflanze vom Pilz verstopft sind.	Welkekrankheit, *Verticillium* spec. Pilzkrankheit S. 26	Bekämpfung mit chemischen Pflanzenschutzmitteln nicht möglich. Kranke Pflanzen mitsamt dem Wurzelwerk entfernen und vernichten. Nachpflanzung auf derselben Stelle ist, ohne daß der Boden ausgetauscht wird, nicht möglich.

Fraßschäden vom Blattrandkäfer

Schadbild	Ursache	Abwehr
Vom Blattrand her halbmondförmig ausgefressen.	Graurüßler bzw. Blattrandkäfer Tierischer Schädling S. 34	Blattlaus-Vernichter Nexion, 1 ml/l, B 1; Ekamet, 1 ml/l, W 2, B 1; Spruzit flüssig, 1 ml/l, B 4; Schädlingsfrei Parexan, 1 ml/l, B 4; Rotenol-Emulsion, 1 ml/l, B 4.

Mauerpfeffer, *Sedum*

Schadbild	Ursache	Abwehr
Dort, wo größere Flächen bepflanzt sind, herdweises Absterben. Dadurch Fehlstellen.	Verticillium-Welke, *Verticillium* spec. Pilzkrankheit S. 26	Bekämpfung mit chemischen Pflanzenschutzmitteln nicht möglich. Kranke Pflanzen mitsamt dem Wurzelwerk entfernen und vernichten. Nachpflanzung auf derselben Stelle ist, ohne daß der Boden ausgetauscht wird, nicht möglich.
Blätter verfärben sich von der Spitze oder vom Rand her rötlich oder gelblich. Die kranken Blätter fallen meistens ab.	Blattälchen Tierischer Schädling S. 27	Befallene Pflanzen entfernen und vernichten.

Nelke, *Dianthus*

Schadbild	Ursache	Abwehr
Zunächst von der Spitze her abgefressen, später Kahlfraß möglich.	Kaninchen Tierischer Schädling S. 39	Nach Möglichkeit einen Kaninchenzaun setzen. Spritzen mit AAprotect (20 g/l, Xn, B 4) oder Anwendung von Wildverbißschutzspray »Schacht« (B 4).
Blätter miniert. Triebe fahlgrün verfärbt und welkend. Bei feuchter Witterung Fäulnis.	Nelkenfliege Tierischer Schädling S. 36	Bekämpfung mit chemischen Pflanzenschutzmitteln im allgemeinen nicht erforderlich. In Befallslagen ab Anfang September 3 mal behandeln mit: Ekamet, 1 ml/l, W 2, B 1, jeweils im Abstand von 7 Tagen.

Nelkenschwärze

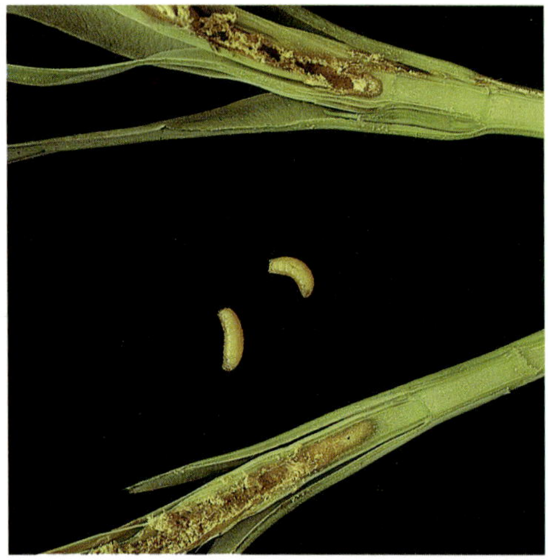

Nelkenfliege; aufgeschnittener Trieb mit Maden

Schadbild	Ursache	Abwehr
Kreisförmige bzw. ovale weißlich bis hellbraune, dunkelrot umrandete Flecken an Blättern, Stengeln, Blütenkelchen, die dann später in der Mitte von schwärzlichem Flaum bedeckt sein können.	Nelkenschwärze, *Heterosporium* spec. Pilzkrankheit S. 26	Wiederholte Spritzungen mit: Dithane Ultra, 2 g/l, B 4.

Pfingstrose, *Paeonia*

Schadbild	Ursache	Abwehr
Triebe kippen bereits beim Austrieb im zeitigen Frühjahr um, möglicherweise faulen ältere Triebe in der Nähe der Erdoberfläche ab, wobei an der Faulstelle ein typisch mausgrauer Schimmelbelag beobachtet werden kann. Blütenknospen öffnen sich nicht und faulen auch mit mausgrauem Schimmelrasen.	Grauschimmelkrankheit, *Botrytis cinerea* Pilzkrankheit S. 26	Bei feuchter Witterung ab Austrieb behandeln im wöchentlichen Abstand mit: Euparen, 2,5 g/l, B 4; Ronilan, 1 g/l, B 4; Roval, 1 g/l, B 4.
An Blättern kleinere, unregelmäßige weißliche Flecke, die purpur umrandet sind. Die eingetrockneten Innenzonen brechen später aus. Auch Stengelteile können befallen werden (braunrote Flecken oder Streifen).	Blattfleckenkrankheit, *Septoria paeoniae* Pilzkrankheit S. 26 Fruchtkörper des Pilzes sind mit der Lupe auf der Blattoberseite als kleine schwarze Pünktchen sichtbar.	Siehe oben.

Grauschimmelkrankheit an Pfingstrose

Schäden durch Stengelälchen an Phlox

Schadbild	Ursache	Abwehr
Hellbraune bzw. blauviolette Blattflecken, die zu größeren Schadstellen zusammenlaufen können. Blattunterseits bräunlich bis olivfarbener Sporenbelag. Bei starkem Befall Dürreerscheinung.	Blattfleckenkrankheit, *Cladosporium* spec. Pilzkrankheit S. 26	Befallene Blätter entfernen und vernichten. Wiederholte Spritzungen mit: Dithane Ultra, 2 g/l, B 4.
Blattoberseits gelblichbraune oder rotbraune Flecken, darauf blattunterseits entweder hellbraune Pusteln oder später zäpfchenartige Wintersporenlager, die bei älteren Befallsstellen ein braunfilziges Aussehen bekommen.	Rost, *Cronartium* spec. Pilzkrankheit S. 26	Baymat flüssig, 1 ml/l, B 4; Saprol, 1,5 ml/l, B 4. Befallene Blätter entfernen und vernichten.

Phlox, *Phlox*

An den verschiedensten Stellen weiße, schaumartige Masse (Kuckucksspeichel), darin eingehüllt kleine Insekten.	Schaumzikaden Tierischer Schädling S. 33	Bekämpfung mit chemischen Pflanzenschutzmitteln nicht notwendig. Befallene Pflanzenteile entfernen.

Echter Mehltau an Phlox; die ganze Pflanze ist mit einem weißlichen Belag überzogen.

Schadbild	Ursache	Abwehr
Triebe beim Austrieb verkürzt und teilweise verdickt. Die Blätter an den befallenen Trieben gekräuselt, wellig gebogen oder fadenartig verschmälert. Ältere Triebe im unteren Stengelbereich verdickt und oftmals der Länge nach aufgeplatzt. Blüten spärlich oder fehlen ganz.	Stengelälchen Tierischer Schädling S. 27	Befallsminderung wird erzielt, wenn man die Pflanzen im Frühjahr mit Metasystox R spezial (2,5 ml/l, Xn, B 1) angießt, wenn diese eine Höhe von ca. 10 cm erreicht haben. Diese Behandlung sollte 2 mal, jeweils im wöchentlichen Abstand wiederholt werden, am besten abends und bei feuchter Witterung. Befallene Triebe entfernen.
Blätter versehen mit einem feinen, flächigen, weißen Überzug. Bei stärkerem Befall vertrocknet das befallene Pflanzengewebe.	Echter Mehltau, *Erysiphe* spec. Pilzkrankheit S. 26	Ab Anfang Mai wiederholte Behandlungen mit: Baymat flüssig, 1,25 ml/l, B 4; Nimrod, 0,75 ml/l, B 4; Saprol, 1 ml/l, B 4.

Schadbild	Ursache	Abwehr
Fast kreisrunde, etwa 0,5 cm große dunkelrotbraune Blattflecken, die in der Mitte häufig weißlichgrau verfärbt sind. Befallene Blätter vertrocknen und sterben vorzeitig ab.	Septoria-Blattfleckenkrankheit, *Septoria* spec. Pilzkrankheit S. 26	Bekämpfung mit chemischen Pflanzenschutzmitteln im allgemeinen nicht erforderlich. Befallene Blätter, vorwiegend im unteren Stengelbereich, entfernen und vernichten.

Rittersporn, *Delphinium*

Triebe und Blätter versehen mit einem feinen, weißen Überzug. Bei stärkerem Befall vertrocknet das befallene Pflanzengewebe.	Echter Mehltau, *Erysiphe* spec. Pilzkrankheit S. 26	Ab Anfang Mai wiederholt: Baymat flüssig, 1,25 ml/l, B 4; Nimrod, 0,75 ml/l, B 4; Saprol, 1 ml/l, B 4.
Über die gesamte Blattfläche verteilt tief schwarze, unregelmäßige Flecken, die oft von den Blattadern begrenzt sind und daher eckig aussehen.	Bakterien-Schwarzfleckenkrankheit, *Pseudomonas delphinii* Bakteriose S. 26	Bekämpfung mit chemischen Pflanzenschutzmitteln nicht möglich. Kranke Pflanzen entfernen und vernichten.
Rundliche oder längliche schwarze Flecken, die oft zu größeren Befallsstellen zusammenfließen.	Phyllosticta-Blattfleckenkrankheit, *Phyllosticta ajacis* Pilzkrankheit S. 26	Bekämpfung mit chemischen Pflanzenschutzmitteln nicht erforderlich. Befallene Blätter entfernen und vernichten.

Schwertlilie, *Iris*

Wurzeln und Wurzelstock naßfaul. Die im Frühjahr ausgetriebenen Pflanzenteile werden braun und vertrocknen. Der ganze Wurzelstock oder Teile davon verwandeln sich in eine breiige Masse.	Bakterien-Naßfäule, *Erwinia carotovora* Bakteriose S. 26	Bekämpfung mit chemischen Pflanzenschutzmitteln nicht möglich. Befallene Pflanzen mitsamt den Wurzeln entfernen und vernichten.
Zunächst kleine, später größere, gelblich-durchscheinende, im späteren Verlauf braun ausgefärbte, dunkel umrandete Blattflecken, die in der Mitte kleine, dunkle Stellen zeigen. Benachbarte Flecken fließen meist ineinander. Befallene Blätter werden dürr und sterben ab.	Blattdürre, *Heterosporium gracile* Pilzkrankheit S. 26	Bekämpfung mit chemischen Pflanzenschutzmitteln sehr schwierig. Wiederholte Spritzungen mit Grünkupfer, 5 g/l, B 4, von Mai an über einen längeren Zeitraum, jeweils im Abstand von 14 Tagen. Alte, befallene Blätter im Frühjahr vor dem Neuaustrieb entfernen und vernichten.

Symptome der Veilchenblattrollmücke

	Schadbild	Ursache	Abwehr
	Sonnenbraut, *Helenium*		
(Blatt-Symbol)	Mißfarbig, zunächst gelblichbraune später dunkelbraune bis schwärzliche Blattflecken, die von den Hauptblattadern begrenzt sind. Blätter bei Nässe schwarz, sterben ab.	Blattälchen Tierischer Schädling S. 27	Befallsminderung durch 2 Behandlungen wöchentlich: Metasystox R spezial, 3,5 ml/l, Xn, B 1, Spritzung abends. Befallene Blätter abpflücken und vernichten.
	Veilchen, *Viola*		
(Blatt-Symbol)	Im Frühjahr verdickte, bleichgrüne Flecken, blattunterseits gelbe, stäubende Sporenlager später braun werdend.	Rost, *Puccinia violae* Pilzkrankheit S. 26	Baymat flüssig, 1 ml/l, B 4; Saprol, 1,5 ml/l, B 4.
	Der Länge nach Blätter nach oben eingerollt, fleischig verdickt, hart und brüchig. Die älteren können noch völlig normal aussehen. Diese vergallten Blätter sterben ab.	Veilchenblattrollmücke Tierischer Schädling S. 36	Befallene Blätter entfernen und vernichten. Bei stärkerem Befall ab April behandeln mit: Ekamet, 1 ml/l, W 2, B 1.

Bartnelkenrost; hier die Rostpusteln auf der Blattunterseite

Schadbild	Ursache	Abwehr
Bartnelke, *Dianthus barbatus*		
Blätter miniert. Triebe fahlgrün verfärbt und welkend. Bei feuchter Witterung Fäulnis.	Nelkenfliege Tierischer Schädling S. 36	Bekämpfung mit chemischen Pflanzenschutzmitteln im allgemeinen nicht erforderlich. In Befallslagen ab Anfang September 3 mal behandeln mit: Ekamet, 1 ml/l, W 2, B 1; jeweils im Abstand von 7 Tagen.
Oberseits gelbliche Blattflecken. Unterseits dunkelbraune Rostpusteln. Bei starkem Befall sterben die Blätter ab.	Bartnelkenrost, *Puccinia arenariae* Pilzkrankheit S. 26	Baymat flüssig, 1 ml/l, B 4; Saprol, 1,5 ml/l, B 4.
Chabaudnelke, *Dianthus caryophyllus*		
Auf den Blättern kreisförmige bzw. ovale, weißlich bis hellbraune, dunkelrot umrandete Flecken, die dann später in der Mitte von schwärzlichem Flaum bedeckt sein können.	Nelkenschwärze, *Heterosporium echinulatum* Pilzkrankheit S. 26	Wiederholte Spritzungen mit: Dithane Ultra, 2 g/l, B 4.

Ein- und mehrjährige Sommerblumen

Goldlack, *Cheiranthus*

Schadbild	Ursache	Abwehr
An den Wurzeln Kropfgeschwulste, die innen nicht hohl sind. Pflanzen kümmern.	Kohlhernie, *Plasmodiophora brassicae* Pilzkrankheit S. 26	Spezial Kalkstickstoff, 100 g/m^2 3 Wochen vor dem Pflanzen streuen, einarbeiten, Boden feucht halten.
Blätter zunächst mit leicht gelben Flecken, die sich später bräunen. Blattunterseits weißlichgrauer Schimmelrasen. Befallene Stengel stark gekrümmt und angeschwollen.	Falscher Mehltau, *Peronospora cheiranthi* Pilzkrankheit S. 26	Wirksame Bekämpfung mit chemischen Pflanzenschutzmitteln im Kleingartenbereich nicht möglich. Befallene Pflanzenteile entfernen und vernichten.

Leberbalsam, *Ageratum*

Schadbild	Ursache	Abwehr
Blätter zunächst weißlichgelb gesprenkelt, später vergilbend und absterbend. Blattunterseits zarte Gespinstüberzüge und kleine grünlichgelbe oder rötliche Milben.	Spinnmilben Tierischer Schädling S. 28	Spruzit flüssig, 1 ml/l, B 4; Schädlingsfrei Parexan, 1 ml/l, B 4; Rotenol-Emulsion, 1 ml/l, B 4.

Löwenmäulchen, *Antirrhinum*

Schadbild	Ursache	Abwehr
Blattoberseits gelbliche Flecken, unterseits zahlreiche schokoladenfarbene Rostpusteln. Bei starkem Befall Welken und vorzeitiges Absterben der Blätter bzw. der ganzen Pflanze.	Löwenmäulchenrost, *Puccinia antirrhini* Pilzkrankheit S. 26	Baymat flüssig, 1 ml/l, B 4; Saprol, 1,5 ml/l, B 4.

Primel, *Primula*

Schadbild	Ursache	Abwehr
An den Blättern rundliche, manchmal eckige gelbliche Flecken, die sich später graubraun verfärben.	Blattfleckenkrankheit, *Ramularia primulae* Pilzkrankheit S. 26	Ab September 2–3 Behandlungen jeweils im Abstand von 14 Tagen mit: Saprol, 1,5 ml/l, B 4. Befallene Blätter entfernen und vernichten.

Blattfleckenkrankheit am Primelblatt

Löwenmäulchenrost; links Unterseite, rechts Oberseite

	Schadbild	Ursache	Abwehr
	Vom Blattrand her rundliche Fraßstellen (Buchtenfraß).	Käfer des Dickmaulrüßlers Tierischer Schädling S. 35	Käfer abends im Dämmerlicht absammeln. Pflanzen spritzen und gießen mit: Ekamet, 1 ml/l, W 2, B 1.

Salvie, *Salvia*

	Fraßstellen mit Schleimspuren.	Schnecken Tierischer Schädling S. 37	Anwendung von Ködermitteln: Schneckenkorn Mesurol, 3 g/10 m^2; Schneckenkorn Helarion, 3 g/10 m^2; Tschilla Schneckenstaub, 20 g/10 m^2, Xn, B 4; Schneckenlösung Limagard (100 ml/Loch), Fanglöcher im Abstand von 4–5 m anlegen.

Ein- und mehrjährige Sommerblumen

Sommeraster, *Callistephus*

Schadbild	Ursache	Abwehr
Pflanzen welken plötzlich, manchmal auch zunächst einseitig und sterben ab. Am Stengelgrund dunkelbraun bis schwarz verfärbt.	Asternsterben, *Fusarium oxysporum* Pilzkrankheit S. 26	Bekämpfung mit chemischen Pflanzenschutzmitteln nicht möglich. Befallene Pflanzen mitsamt den Wurzeln entfernen und vernichten. Verseuchte Flächen ca. 5 Jahre nicht mehr mit Astern bepflanzen.
An der Erdoberfläche abgefressen.	Erdraupen Tierischer Schädling S. 35	Cortilan neu, 20 g/m², B 3. Regelmäßige Bodenbearbeitung. Bretter oder Tücher als Unterschlupf auf den Boden legen, Raupen absammeln. Spät am Abend (bei feuchter Witterung) spritzen mit: Neudorff's-Raupenspritzmittel, 1 g/l, W 2, B 4.
Triebspitzen verkrüppelt, Blätter verbeult und wellig.	Kleine Pflaumenlaus Tierischer Schädling S. 30	Ab Ende Mai behandeln mit: Metasystox R spezial, 2,5 ml/l, Xn, B 1.
Speichelartige Schaumhäufchen. Unter dem Schaum befindet sich eine Larve.	Schaumzikade Tierischer Schädling S. 33	Bekämpfung mit chemischen Pflanzenschutzmitteln nicht notwendig. Befallene Pflanzenteile entfernen.

Stiefmütterchen, *Viola-wittrockiana* – Hybride

Schadbild	Ursache	Abwehr
Zunächst bläuliche Verfärbung, später Vergilbung der älteren Blätter, dann Welke der Pflanzen, Fäulnis am Stengelgrund.	Stengelgrund- und Wurzelhalsfäule, *Phytophthora cactorum* Pilzkrankheit S. 26	Siehe »Falscher Mehltau« S. 167. Auf befallene Flächen ca. 4–5 Jahre keine Stiefmütterchen pflanzen.
Pflanzen am Wurzelhals abgefressen.	Erdraupen Tierischer Schädling S. 35	Cortilan neu, 20 g/m², B 3. Regelmäßige Bodenbearbeitung, Bretter oder Tücher als Unterschlupf auf den Boden legen. Raupen absammeln. Spät am Abend (bei feuchter Witterung) spritzen mit: Neudorff's-Raupenspritzmittel, 1 g/l, W 2, B 4.

Falscher Mehltau an Stiefmütterchen; Blattunterseite

Malvenrost; Blattunterseite

Schadbild	Ursache	Abwehr
Blätter bleiben klein und verblassen. Bei hoher Luftfeuchtigkeit blattunterseits grauweißer flaumiger Pilzbelag.	Falscher Mehltau, *Peronospora violae* Pilzkrankheit S. 26	Bekämpfung mit chemischen Pflanzenschutzmitteln im Kleingartenbereich nicht möglich. Befallene Pflanzen entfernen und vernichten.

Stockrose, *Alcea*

Blattoberseits gelblichbräunliche Flecken. Blattunterseits warzige, schokoladenbraune Pusteln in großer Anzahl.	Malvenrost, *Puccinia malvacearum* Pilzkrankheit S. 26	Baymat flüssig, 1 ml/l, B 4; Saprol, 1,5 ml/l, B 4.
Blätter zunächst weißlichgelb gesprenkelt, später vergilbend und absterbend. Blattunterseits zarte Gespinstüberzüge und kleine grünlichgelbe oder rötliche Milben.	Spinnmilben Tierischer Schädling S. 28	Spruzit flüssig, 1 ml/l, B 4; Schädlingsfrei Parexan, 1 ml/l, B 4; Rotenol-Emulsion, 1 ml/l, B 4.

Schadbild	Ursache	Abwehr

Studentenblume, *Tagetes*

Schadbild	Ursache	Abwehr
Pflanzen vergilben und sehen aus wie verbrannt. Pflanzen sterben ab.	Bakterienblatt-fleckenkrankheit, *Pseudomonas tagetis* Bakteriose S. 26	Bekämpfung mit chemischen Pflanzenschutzmitteln nicht möglich. Befallene Pflanzen entfernen und vernichten.
Fraßstellen mit Schleimspuren.	Schnecken Tierischer Schädling S. 37	Siehe Salvien.

Tausendschön, *Bellis*

Schadbild	Ursache	Abwehr
Am Wurzelhals abgefressen.	Erdraupen Tierischer Schädling S. 35	Cortilan neu, 20 g/m², B 3. Regelmäßige Bodenbearbeitung. Bretter oder Tücher als Unterschlupf auf den Boden legen. Raupen absammeln. Spät am Abend (bei feuchter Witterung) spritzen mit Neudorff's-Raupenspritzmittel, 1 g/l, W 2, B 4.
Blätter fleckenweise mit weißlichem, mehlartigem Belag überzogen.	Echter Mehltau, *Erysiphe* spec. Pilzkrankheit S. 26	Ab Anfang Mai wiederholte Behandlungen mit: Baymat flüssig, 1,25 ml/l, B 4; Nimrod, 0,75 ml/l, B 4; Saprol, 1 ml/l, B 4.

Vergißmeinnicht, *Myosotis*

Schadbild	Ursache	Abwehr
Weißlicher, mehliger Belag auf den Blättern, die dann später vergilben und absterben.	Echter Mehltau, *Erysiphe* spec. Pilzkrankheit S. 26	Ab Anfang Mai wiederholte Behandlungen mit: Baymat flüssig, 1,25 ml/l, B 4; Nimrod, 0,75 ml/l, B 4; Saprol, 1 ml/l, B 4.
Ausgebleichte Flecken auf den Blättern. Blattunterseits bei hoher Luftfeuchtigkeit weißlichgrauer Schimmelrasen.	Falscher Mehltau, *Peronospora* spec. Pilzkrankheit S. 26	Bekämpfung mit chemischen Pflanzenschutzmitteln im Kleingartenbereich nicht möglich. Befallene Pflanzen entfernen und vernichten.

Schadbild	Ursache	Abwehr
Zinnie, *Zinnia*		
Faulstellen versehen mit einem mausgrauen Schimmelbelag.	Grauschimmelfäule, *Botrytis cinerea* Pilzkrankheit S. 26	Bei feuchter Witterung wiederholt: Euparen, 2,5 g/l, B 4; Ronilan, 1 g/l, B 4; Rovral, 1 g/l, B 4.
Pflanzen an der Erdoberfläche angenagt oder abgefressen.	Erdraupen Tierischer Schädling S. 35	Cortilan neu, 20 g/m², B 0. Regelmäßige Bodenbearbeitung; Bretter oder Tücher als Unterschlupf auf den Boden legen. Raupen absammeln. Spät abends (bei feuchter Witterung) spritzen mit: Neudorff's-Raupenspritzmittel, 1 g/l, W 2, B 4.
Fraßstellen, Schleimspuren.	Schnecken Tierischer Schädling S. 37	Siehe Salvien.
Unregelmäßig runde, kleine oder größere dunkelbraune Blattflecken, die in der Mitte hellbraun sind und eintrocknen. Befall meist im Spätsommer.	Blattfleckenkrankheit, *Alternaria zinniae* Pilzkrankheit S. 26	Bekämpfungsmaßnahmen mit chemischen Pflanzenschutzmitteln im Kleingartenbereich lohnen sich im allgemeinen nicht.

Knollen- und Zwiebelblumen

Schadbild	Ursache	Abwehr
Dahlie, *Dahlia*		
Weiche Faulstellen mit mausgrauem Schimmelrasen überzogen. Besonders bei feuchter und trüber Witterung.	Grauschimmelfäule, *Botrytis cinerea* Pilzkrankheit S. 26	Bei feuchter Witterung wiederholt: Euparen, 2,5 g/l, B 4; Ronilan, 1 g/l, B 4; Rovral, 1 g/l, B 4.
Blätter und junge Triebe verkrüppeln, Blütenknospen öffnen sich entweder überhaupt nicht oder bringen nur verkrüppelte Blüten hervor.	Blattwanzen Tierischer Schädling S. 31	Die Bekämpfung dieser sehr lebhaften Tiere wird am besten früh morgens durchgeführt, wenn die Wanzen von der Nacht her noch klamm und unbeweglich sind. Wiederholte Spritzungen mit Unden flüssig, 1 ml/l, W 2, B 4; sind notwendig.
An Blättern zunächst hellgrüne, runde Flecken, die sich später erst in der Mitte und dann im ganzen braun verfärben. Das abgestorbene Gewebe wird trocken und brüchig und fällt meistens aus. Am häufigsten sind die unteren Blätter befallen.	Blattfleckenkrankheit, *Entyloma dahliae* Pilzkrankheit S. 26	Befallenes Laub entfernen und vernichten. Nicht auf dem Boden liegenlassen und auch nicht zusammen mit den Knollen überwintern. Bekämpfungsmaßnahmen mit chemischen Pflanzenschutzmitteln im Kleingartenbereich lohnen sich im allgemeinen nicht.
Blätter verkrüppelt, blattunterseits schwarze Blattläuse.	Schwarze Bohnenlaus Tierischer Schädling S. 30	Beosit 35 flüssig, 1 ml/l, Xn, B 4; Blattlaus-Vernichter Nexion, 0,5 ml/l, B 1; Insekten-Stäubemittel Hortex neu, 2,5 g/m², B 4; Schädlingsfrei Parexan, 1 ml/l, B 4; Rotenol-Emulsion, 1 ml/l, B 4; Rotenol-Staub, 2,5 g/m², B 4; Spruzit flüssig, 1 ml/l, B 4; Spruzit-Staub, 2,5 g/m², B 4.
Mosaikartige, dunkel- oder hellgrüne Flecken. Befallene Blätter gekräuselt oder auch blasig aufgetrieben. Aderung verläuft ungleichmäßig. Bei starkem Befall Stockung des Wachstums.	Mosaikkrankheit oder -Stauche Virose S. 25	Bekämpfung mit chemischen Pflanzenschutzmitteln nicht möglich. Befallene Pflanzen entfernen und vernichten.
Einzelne Blütenblätter zerfressen.	Ohrwürmer Tierischer Schädling S. 30	Absammeln und auf Obstbäume oder Ziersträucher aussetzen.

Gladiole, *Gladiolus*

Schadbild	Ursache	Abwehr
Knollen treiben entweder überhaupt nicht oder aber nur sehr spärlich aus.	Knollentrockenfäule, *Fusarium* spec. Pilzkrankheit S. 26	Bekämpfung mit chemischen Pflanzenschutzmitteln nicht möglich. Befallene Pflanzen entfernen und vernichten.
Oberirdische Pflanzenteile gehen in Fäulnis über, wobei die Faulstellen von einem mausgrauen Schimmelbelag überzogen sind. Besonders bei feuchter Witterung.	Grauschimmelfäule, *Botrytis* spec. Pilzkrankheit S. 26	Bekämpfung mit chemischen Pflanzenschutzmitteln im Kleingartenbereich lohnt sich im allgemeinen nicht. Befallene Pflanzen entfernen und vernichten.
Weißliche, oft silbrig schimmernde Saugstellen an den Blättern, die sich später grau-braun verfärben. Bei starkem Befall vertrocknen die Blätter. Die Blüten zeigen ebenfalls Saugstellen. Bei starkem Befall öffnen sich die Blütenblätter nicht, vertrocknen oder faulen.	Gladiolenblasenfuß Tierischer Schädling S. 29	Knollen vor dem Pflanzen 2 mal im Abstand von 8 Tagen mit Insekten-Stäubemittel Hortex neu, Xn, B 4, einpudern. Laub bei der Knollenernte sofort entfernen und vernichten.
Plötzliches Absterben von zunächst gesund aussehenden Gladiolen im Sommer.	Ungünstige Standortbedingungen	Staunässe im Boden vermeiden.

Schäden durch Gladiolenblasenfuß – die Blüte ist weißgeflammt.

Hyazinthe, *Hyacinthus*

Schadbild	Ursache	Abwehr
Stocken im Wachstum, welken und gehen ein. Meist lassen sich die Blätter leicht aus den Zwiebeln herausziehen, wobei die Blätter am Grunde faulig zersetzt sind.	Gelbfäule, *Xanthomonas hyazinthi* Bakteriose S. 26	Bekämpfung mit chemischen Pflanzenschutzmitteln nicht möglich. Befallene Pflanzen entfernen und vernichten.
Blätter von den Spitzen her einschrumpfend, gehen in Fäulnis über und sind von einem mausgrauen Schimmelrasen überzogen.	Grauschimmelfäule, *Botrytis* spec. Pilzkrankheit S. 26	Bekämpfung mit chemischen Pflanzenschutzmitteln nicht möglich. Befallene Pflanzen sofort entfernen und vernichten.

Grauschimmelfäule an Narzissenzwiebel; befallene Pflanzen mitsamt den Zwiebeln entfernen und vernichten.

Krokus, *Crocus*

Schadbild	Ursache	Abwehr
Zickzackförmige Veränderungen der Blätter.	Ungünstige Standortbedingungen	Krokusse lieben einen sonnigen Standort und dürfen nicht tiefer als 10 cm im Boden gepflanzt werden. Staunässe vermeiden!
Blüten werden zerhackt.	Amseln, Grünfinke, Sperlinge u. a. Tierischer Schädling S. 37	Kein wirksamer Schutz für die Krokusse möglich, es sei denn, man spannt Netze.

Lilienhähnchen bei der Paarung

Schadbild	Ursache	Abwehr
Lilie, *Lilium*		
Welken, vergilben und sterben ab.	Fusarium-Zwiebelfäule, *Fusarium* spec. Pilzkrankheit S. 26	Bekämpfung mit chemischen Pflanzenschutzmitteln nicht möglich. Befallene Pflanzen entfernen und vernichten.
Blätter und Stiele mit Faulstellen, übersät von einem mausgrauen Schimmelbelag.	Grauschimmelfäule, *Botrytis* spec. Pilzkrankheit S. 26	Herrscht feuchte Witterung vor: Euparen, 2,5 g/l, B 4; Ronilan, 1 g/l, B 4; Rovral, 1 g/l, B 4.
Blätter bereits im Frühjahr zerfressen von glänzend ziegelroten Käfern. Ab Mai Larven, die kleinen Nacktschnecken ähnlich sehen.	Lilienhähnchen Tierischer Schädling S. 34	Absammeln der Käfer und deren Larven.
Gelblichgrüne, leicht eingesunkene Flecken. Stark befallene Blätter wellig verbogen, gedreht oder anderweitig mißgestaltet.	Mosaikkrankheit Virose S. 25	Bekämpfung mit chemischen Pflanzenschutzmitteln nicht möglich. Befallene Pflanzen entfernen und vernichten.

Knollen- und Zwiebelblumen

Schadbild	Ursache	Abwehr
	Narzisse, *Narcissus*	
Zwiebeln treiben im Frühjahr nur schwach aus, Blütenbildung unterbleibt. Zwiebeln ausgefressen und matschig.	Narzissenfliege Tierischer Schädling S. 36	Bekämpfung mit chemischen Pflanzenschutzmitteln im Kleingartenbereich kaum möglich und auch nicht lohnend. Befallene Pflanzen entfernen und vernichten.
Blätter vergilben, Pflanzen sterben vorzeitig ab.	Fusarium-Fußkrankheit, *Fusarium* spec. Pilzkrankheit S. 26	Bekämpfung mit chemischen Pflanzenschutzmitteln nicht möglich. Befallene Pflanzen entfernen und vernichten.
Faulstellen auf Blättern und Blütenstielen, übersät von einem mausgrauen Schimmelbelag.	Grauschimmelkrankheit, *Botrytis* spec. Pilzkrankheit S. 26	Herrscht feuchte Witterung vor: Euparen, 2,5 g/l, B 4; Ronilan, 1 g/l, B 4; Rovral, 1 g/l, B 4.
	Tulpe, *Tulipa*	
Treiben im Frühjahr nicht oder nur schlecht aus. Sproße bleiben stecken, Blätter sind verbogen, mißgestaltet und gehen in Fäulnis über (mausgrauer Schimmelrasen).	Grauschimmelkrankheit, auch Tulpenfeuer genannt, *Botrytis* spec. Pilzkrankheit S. 26	Herrscht feuchte Witterung vor, behandeln mit: Euparen, 2,5 g/l, B 4; Ronilan, 1 g/l, B 4; Rovral, 1 g/l, B 4.

Grauschimmelkrankheit an einer Tulpe

Schadbild	Ursache	Abwehr
Zwiebeln treiben im Frühjahr entweder überhaupt nicht aus oder aber der Austrieb welkt und fault, ehe sich die Blätter entfalten können.	Zwiebelgraufäule, *Rhizoctonia tuliparum* Pilzkrankheit S. 26	Bekämpfung mit chemischen Pflanzenschutzmitteln im Kleingartenbereich nicht möglich. Befallene Pflanzen entfernen und vernichten. Anbaufläche wechseln.
Blätter beulig verbogen, ganze Pflanzen verkrüppelt. Blätter mit hellen Flecken, wo das Gewebe abgestorben ist.	Augustakrankheit Virose S. 25	Bekämpfung mit chemischen Pflanzenschutzmitteln nicht möglich. Befallene Pflanzen entfernen und vernichten.

Mittel zur Bekämpfung tierischer Schädlinge (Auswahl)

Wirkstoff/Präparat	Anwendung gegen	Gefahrensymbol	Hinweise
Anthrachinon Morkit	Verminderung des Krähenfraßes bis zum Auflaufen der Saat bei Bohnen und Erbsen	–	Beizmittel Bienen werden nicht gefährdet aufgrund der durch die Zulassung festgelegten Anwendung des Mittels.
Bacillus thuringiensis Neudorff's Raupenspritzmittel	Kohlweißlingsarten, andere freifressende Schmetterlingsraupen	–	Biologisches Spritzmittel Nicht bienengefährlich W 2*
Bromophos Blattlaus-Vernichter Nexion Insekten-Stäubemittel Nexion	beißende und saugende Insekten	–	Je nach Formulierung entweder Spritz- oder Stäubemittel Bienengefährlich Keine Anwendung in unmittelbarer Nähe von Gewässern (5–10 m). Das Mittel ist giftig für Fische und Fischnährtiere.
Deltamethrin Decis flüssig	beißende und saugende Insekten	Xn  Gesundheitsschädlich	Spritzmittel Bienengefährlich Keine Anwendung in unmittelbarer Nähe von Gewässern (5–10 m). Das Mittel ist giftig für Fische und Fischnährtiere.
Dimethoat Roxion	beißende und saugende Insekten Spinnmilben (Schildläuse)	Xn  Gesundheitsschädlich	Spritzmittel Bienengefährlich W 2* Das Mittel ist giftig für Fische und Fischnährtiere.

* W (Wasserschutz), Näheres dazu auf S. 42.

Wirkstoff/Präparat	Anwendung gegen	Gefahrensymbol	Hinweise
Endosulfan Beosit 35 flüssig	beißende und saugende Insekten, Erdbeermilben, Gallmilben	Xn  Gesundheitsschädlich	Spritzmittel Nicht bienengefährlich Keine Anwendung in unmittelbarer Nähe von Gewässern (5–10 m). Das Mittel ist giftig für Fische und Fischnährtiere.
Ethiofencarb Croneton 100	Blattläuse	–	Spritzmittel Bienengefährlich W 2* Das Mittel ist giftig für Fische und Fischnährtiere.
Etrimfos Ekamet	saugende und beißende Insekten, Sitkafichtenlaus	–	Spritzmittel Bienengefährlich W 2* Das Mittel ist giftig für Fische und Fischnährtiere.
Lindan Cortilan-Neu	Maulwurfsgrillen	–	Streumittel Bienen werden nicht gefährdet aufgrund der durch die Zulassung festgelegten Anwendung des Mittels. Keine Anwendung in unmittelbarer Nähe von Gewässern (5–10 m). Das Mittel ist giftig für Fische und Fischnährtiere.
Malathion Detia Malathion Emulsion	saugende Insekten, Spinnmilben	Xn  Gesundheitsschädlich	Spritzmittel Bienengefährlich Keine Anwendung in unmittelbarer Nähe von Gewässern (5–10 m).

Präparate und Wirkstoffe

Wirkstoff/Präparat	Anwendung gegen	Gefahrensymbol	Hinweise
Mineralöl Para-Sommer	Schildläuse	–	Spritzmittel Nicht bienengefährlich Keine Anwendung in unmittelbarer Nähe von Gewässern (5–10 m).
Oxydemeton-methyl Metasystox R spezial	saugende Insekten, Sitkafichtenlaus, Spinnmilben, Sägewespen	Xn  Gesundheitsschädlich	Spritzmittel (gegen Sitkafichtenlaus auch Gießmittel) Bienengefährlich Keine Anwendung in unmittelbarer Nähe von Gewässern (5–10 m). Das Mittel ist fischgiftig.
Permethrin Ambush	Weiße Fliege, beißende Insekten, Blattsauger, Miniermotten, Pflaumenwickler	–	Spritzmittel Bienengefährlich Keine Anwendung in unmittelbarer Nähe von Gewässern (5–10 m). Das Mittel ist giftig für Fische und Fischnährtiere.
Propoxur Unden flüssig	saugende und beißende Insekten, Schildläuse, Blutlaus	Xn  Gesundheitsschädlich	Spritzmittel Bienengefährlich W 2* Das Mittel ist giftig für Fische und Fischnährtiere.
Pyrethrum + Piperonylbutoxid Rotenol-Emulsion Rotenol-Staub Schädlingsfrei Parexan Spruzit flüssig Spruzit Staub	saugende und beißende Insekten, Spinnmilben	–	Je nach Formulierung entweder Spritz- oder Stäubemittel Nicht bienengefährlich Keine Anwendung in unmittelbarer Nähe von Gewässern (5–10 m). Das Mittel ist fischgiftig.

* W (Wasserschutz), Näheres dazu auf S. 42.

Wirkstoff/Präparat	Anwendung gegen	Gefahrensymbol	Hinweise
Ziram AAprotect	Sommerwildverbiß durch Hasen und Kaninchen	Xn  Gesundheitsschädlich	Spritzmittel Nicht bienengefährlich Keine Anwendung in unmittelbarer Nähe von Gewässern (5–10 m). Das Mittel ist fischgiftig.

Mittel zur Bekämpfung von Pilzkrankheiten (Auswahl)

Wirkstoff/Präparat	Anwendung gegen	Gefahrensymbol	Hinweise
Bitertanol Baymat flüssig	Echten Mehltau Rostpilze Sternrußtau bei Zierpflanzen	–	Spritzmittel Nicht bienengefährlich Keine Anwendung in unmittelbarer Nähe von Gewässern (5–10 m). Das Mittel ist giftig für Fische und Fischnährtiere.
Bupirimat Nimrod	Apfelmehltau Echten Mehltau bei Zierpflanzen	–	Spritzmittel Nicht bienengefährlich Keine Anwendung in unmittelbarer Nähe von Gewässern (5–10 m). Das Mittel ist fischgiftig.
Calciumcyanamid Spezial Kalkstickstoff	Kohlhernie zur Befallsminderung bei Gemüsekohl	–	Streumittel Nicht bienengefährlich
Dichlofluanid Euparen	Grauschimmelfäule Echten Mehltau Kraut- und Braunfäule Schorf Lagerfäule bei Kernobst Kräuselkrankheit Blattfallkrankheit	–	Spritzmittel Nicht bienengefährlich Keine Anwendung in unmittelbarer Nähe von Gewässern (5–10 m). Das Mittel ist fischgiftig.

Präparate und Wirkstoffe

Wirkstoff/Präparat	Anwendung gegen	Gefahrensymbol	Hinweise
Iprodion Rovral	Grauschimmelfäule Sklerotinia	–	Spritzmittel Nicht bienengefährlich Keine Anwendung in unmittelbarer Nähe von Gewässern (5–10 m). Das Mittel ist fischgiftig.
Kupferoxychlorid Kupferkalk-Atempo konz. Kupferspritzmittel Kupferspritzmittel 'Schacht' hochproz.	Obstbaumkrebs Kräuselkrankheit Ast- und Baumsterben (Valsa-Krankheit)	–	Spritzmittel Nicht bienengefährlich Keine Anwendung in unmittelbarer Nähe von Gewässern (5–10 m). Das Mittel ist fischgiftig.
Lecithin Bio Blatt Mehltau-mittel	Echten Mehltau	–	Spritzmittel Nicht bienengefährlich
Mancozeb Dithane Ultra	Falschen Mehltau Kraut- und Braunfäule Rostpilze Schorf	–	Spritzmittel Nicht bienengefährlich Keine Anwendung in unmittelbarer Nähe von Gewässern (5–10 m). Das Mittel ist fischgiftig.
Metiram Phytox Super Polyram-Combi	Falschen Mehltau Brennfleckenkrankheit Auflaufkrankheiten Blattfleckenkrankheit Rostpilze Kraut- und Braunfäule Schorf Schrotschußkrankheit Pflaumenrost Säulenrost Rostpilze	–	Spritz- und Beizmittel Nicht bienengefährlich Keine Anwendung in unmittelbarer Nähe von Gewässern (5–10 m). Das Mittel ist fischgiftig.
Netzschwefel Netz-Schwefelit Netzschwefel Agrotec Sufran Netzschwefel	Echten Mehltau Schorf Stachelbeermehltau	–	Spritzmittel Nicht bienengefährlich
Propineb Antracol	Blattfleckenkrankheit Kraut- und Braunfäule Schorf Sprühfleckenkrankheit Schrotschußkrankheit Rostpilze	–	Spritzmittel Nicht bienengefährlich Keine Anwendung in unmittelbarer Nähe von Gewässern (5–10 m). Das Mittel ist fischgiftig.

Wirkstoff/Präparat	Anwendung gegen	Gefahrensymbol	Hinweise
Thiram Pomarsol forte	Schorf Grauschimmelfäule	Xi  Reizend	Spritzmittel Nicht bienengefährlich Keine Anwendung in unmittelbarer Nähe von Gewässern (5–10 m).
Triforin Saprol	Echten Mehltau Schorf Moniliaspitzendürre Sprühfleckenkrankheit Stachelbeermehltau Sternrußtau Rostpilze Blattfleckenpilze Hexenringe	–	Spritzmittel Nicht bienengefährlich Keine Anwendung in unmittelbarer Nähe von Gewässern (5–10 m).
Vinclozolin Ronilan	Grauschimmelfäule Sklerotinia Moniliaspitzendürre	–	Spritzmittel Nicht bienengefährlich

Anschriften der landwirtschaftlichen Untersuchungs- und Forschungsanstalten in der Bundesrepublik Deutschland

Landwirtschaftliche Untersuchungs- und Forschungsanstalt,
Rodeweg 5–11, 5300 Bonn 3

Hessische landwirtschaftliche Versuchsanstalt,
Rheinstraße 91, 6100 Darmstadt

Institut für angewandte Botanik,
Marseiller Straße 7, 2000 Hamburg 36

Landwirtschaftliche Untersuchungs- und Forschungsanstalt,
Postfach 295, 3250 Hameln

Hessische landwirtschaftliche Versuchsanstalt – landwirtschaftliches Untersuchungsamt,
Am Versuchsfeld 13, 3500 Kassel-Harleshausen

Staatl. landwirtschaftliche Untersuchungs- und Forschungsanstalt Augustenberg,
Neßlerstraße 23, 7500 Karlsruhe-Durlach

Landwirtschaftliche Untersuchungs- und Forschungsanstalt,
Gutenbergstraße 75–77, 2300 Kiel

Landwirtschaftliche Untersuchungs- und Forschungsanstalt,
Nevinghoff 40, 4400 Münster

Landwirtschaftliche Untersuchungs- und Forschungsanstalt,
Mars-La-Tour-Straße 4, 2900 Oldenburg

Landwirtschaftliche Untersuchungs- und Forschungsanstalt,
Obere Langgasse 40, 6720 Speyer

Landesanstalt für landwirtschaftliche Chemie,
Emil Wolff-Straße 14, 7000 Stuttgart 40

Bayerische Hauptversuchsanstalt für Landwirtschaft der TU München,
Weihenstephan, 8050 Freising 12

Pflanzenschutzämter

Baden-Württemberg

Landesanstalt für Pflanzenschutz,
Reinsburgstraße 107, 7000 Stuttgart 1,
Tel. 07 11/66 76-25 73

Regierungspräsidium Karlsruhe
– Pflanzenschutzdienst –
Amalienstraße 25, 7500 Karlsruhe,
Tel. 07 21/13 51

Regierungspräsidium Stuttgart
– Pflanzenschutzdienst –
Breitscheidstraße 4, 7000 Stuttgart 1,
Tel. 07 11/20 50-41 88

Regierungspräsidium Freiburg
– Pflanzenschutzdienst –
Erbprinzenstraße 2, 7800 Freiburg/Breisgau,
Tel. 07 61/2 04-25 03

Regierungspräsidium Tübingen
– Pflanzenschutzdienst –
Keplerstraße 2, 7400 Tübingen, Tel. 0 70 71/2 81

Bayern

Bayerische Landesanstalt für Bodenkultur und Pflanzenbau – Abteilung Pflanzenschutz – München –
Menzinger Straße 54, Postfach 38 02 69,
8000 München 19, Tel. 0 89/1 79 91

Bremen

Pflanzenschutzamt Bremen,
Slevogtstraße 48, 2800 Bremen,
Tel. 04 21/3 61 25 75

Hamburg

Institut für angewandte Botanik – Pflanzenschutzamt – Hamburg
Marseiller Straße 7, 2000 Hamburg 36,
Tel. 0 40/41 23 23 53

Hessen

Hessisches Landesamt für Ernährung, Landwirtschaft und Landentwicklung – Pflanzenschutzdienst –
Friedrich-Wilhelm-von-Steuben-Straße 2, Postfach 93 01 29, 6000 Frankfurt/Main 93,
Tel. 06 11/77 50 51-52

Nebenstelle
Am Versuchsfeld 17, 3500 Kassel-Harleshausen,
Tel. 05 61/8 81 41

Niedersachsen

Regierungsbezirke Braunschweig, Hannover, Lüneburg:
Pflanzenschutzamt Hannover,
Wunstorfer Landstraße 9, 3000 Hannover 91,
Tel. 05 11/4 00 50

Regierungsbezirk Weser-Ems:
Pflanzenschutzamt Oldenburg,
Mars-la-Tour-Straße 9–11, Postfach 25 49,
2900 Oldenburg, Tel. 04 41/8 01-1

Nordrhein-Westfalen

Regierungsbezirke Düsseldorf und Köln:
Pflanzenschutzamt der Landwirtschaftskammer Rheinland mit Referat für forstlichen Pflanzenschutz,
Rodeweg 5–11, 5300 Bonn 3, Tel. 02 28/43 40

Regierungsbezirke Arnsberg, Detmold und Münster:
Institut für Pflanzenschutz, Saatgutuntersuchung und Bienenkunde der Landwirtschaftskammer Westfalen-Lippe mit Referat für forstlichen Pflanzenschutz,
Nevinghoff 40, 4400 Münster/Westfalen,
Tel. 02 51/27 61

Rheinland-Pfalz

Landespflanzenschutzamt Rheinland-Pfalz,
Essenheimer Straße 144, 6500 Mainz-Bretzenheim, Tel. 0 61 31/3 40 01-2

Saarland

Pflanzenschutzamt Saarbrücken,
Lessingstraße 12, 6600 Saarbrücken 3,
Tel. 06 81/6 55 21

Schleswig-Holstein

Pflanzenschutzamt des Landes Schleswig-Holstein,
Westring 383, 2300 Kiel, Tel. 04 31/56 20 15

Berlin (West)

Pflanzenschutzamt Berlin, mit Dienststelle für Forstschutz und forstliches Saatgutwesen (in Zusammenarbeit mit dem Landesforstamt Berlin),
Altkircher Straße 1 u. 3, 1000 Berlin-Dahlem
(Post: 1000 Berlin 33), Tel. 0 30/8 31 38 82

Begriffserklärungen

Abiotisch: unbelebt.

Akarizid: Mittel gegen Spinnmilben.

Aphizid: Mittel gegen Blattläuse.

Atemgift: Pflanzenschutzmittel, das vom Schädling über die Atemwege in den Organismus gelangt.

Attractant: Lockstoff, mit dem z. B. Insekten, aber auch andere Tiere, über zum Teil weite Entfernungen zu Wirtspflanzen oder Geschlechtspartnern angelockt werden können.

Aufwandmenge: Die zur Bekämpfung von Pflanzenkrankheiten oder Schädlingen notwendige Menge eines Mittels in der erforderlichen Konzentration, z. B. pro Flächeneinheit.

Bakterizid: Mittel gegen Bakterien.

Beizmittel: Pflanzenschutzmittel, die zur Saatgutbehandlung und zur Behandlung von Zwiebeln und Knollen eingesetzt werden. Man unterscheidet: Benetzungs-, Kurznaß-, Tauch- und Trockenbeize.

Bienenschutz: Bei der Anwendung von Pflanzenschutzmitteln ist die Verordnung zum Schutze der Bienen vor Gefahren durch Pflanzenschutzmittel (Bienenschutz VO) vom 19. Dezember 1972 zu beachten. Auf den Packungen und in der Gebrauchsanweisung sind die bienengefährlichen Pflanzenschutzmittel besonders gekennzeichnet.

Biologische Schädlingsbekämpfung: Beruht auf der Tatsache, daß fast alle Pflanzenschädlinge auch natürliche Feinde besitzen. Diese Nützlinge werden bei der biologischen Schädlingsbekämpfung besonders gefördert.

Blattherbizide: Unkrautbekämpfungsmittel, die auf die grünen, oberirdischen Pflanzenteile wirken.

Bodenherbizide: Unkrautbekämpfungsmittel, die in erster Linie über den Boden durch die Wurzeln in die Pflanzen gelangen und dort wirksam werden.

Chemischer Pflanzenschutz: Anwendung von Chemikalien synthetischer oder natürlicher Herkunft mit dem Ziel Pflanzenkrankheiten und -schädlinge wirksam zu bekämpfen.

Fensterfraß: Fraßstellen auf den Blättern in der Form, daß entweder die Blattober- oder Blattunterseite stehenbleibt.

Fraßgift: Wirkstoff der über den Verdauungstrakt wirkt.

Emulsion: Spritzbrühe aus einer öligen Flüssigkeit und Wasser.

Gift: Substanzen, die von einer bestimmten Dosis an Organismen schädigt oder abtötet.

Begriffserklärungen

Granulate: Körniges Material mit angelagerten Wirkstoffen. Granulate werden im Streuverfahren zur Schädlingsbekämpfung verwendet.

Herbizide: Mittel zur Bekämpfung von Unkräutern.

Honigtau: Zuckerhaltige Ausscheidungen von saugenden Insekten (Blattläuse, Weiße Fliegen, Schild- und Schmierläuse usw.). Honigtau ist eine Nahrungsquelle für Ameisen. Blattläuse und Ameisen bilden daher oftmals eine Gemeinschaft.

Insektizide: Pflanzenschutzmittel zur Bekämpfung von Insekten.

Integrierter Pflanzenschutz: Kombinierte Anwendung von biologischen, biotechnischen, kulturtechnischen, chemischen und physikalischen Maßnahmen mit dem Ziel, die Schäden unterhalb der wirtschaftlichen Schadensschwelle zu halten.

Kahlfraß: Oberirdische Pflanzenteile werden total weggefressen.

Karenzzeit: Siehe Wartezeit.

Larve: Ein Stadium der Verwandlung eines Insektes vom Ei zum Vollinsekt (Metamorphose). Larven schlüpfen aus den Eiern und verpuppen sich nach einem Reifefraß. Aus der Puppe schlüpft dann das Vollinsekt.

Legestachel bzw. Legeröhre: Hinterleibsende bei Insekten, das für die Eiablage teleskopartig aus- und eingefahren werden kann; dient zum Einschieben der Eier in Ritzen bzw. Spalten der Pflanzen.

Lochfraß: An den Blättern sind ganze Teile ausgefressen. Lochfraß wird häufig durch Schnecken verursacht.

Lockstoffe: Dienen zur Anlockung von Insekten. Man unterscheidet Sexuallockstoffe, die zur Anlockung des Geschlechtspartners dienen und Fraßlockstoffe.

Lokale Wirkung: Bei Pflanzenschutzmitteln mit lokaler Wirkung muß der Schädling direkt getroffen werden bzw. die zu behandelnden Pflanzen sind mit einem lückenlosen Belag zu versehen. Die Aufnahme des Wirkstoffes erfolgt durch das Insekt.

Maden: Stets fußlose Larven von Mücken oder Fliegen.

Meldepflichtige Schädlinge bzw. Krankheiten: Bei Befall bzw. Befallsverdacht ist der Schaden der jeweils zuständigen Behörde zu melden. Auskünfte erteilen die Pflanzenschutzämter.

Metamorphosehemmer: Verhindert bei Larven bzw. Raupen die Häutung der Tiere und bringt diese zum Absterben. Ist in dem Präparat Dimilin 25 WP enthalten.

Minierfraß: Geschlängelte Fraßgänge im Inneren von Pflanzenteilen, zumeist in Blättern.

Mischinfektion: Befall einer Pflanze mit mehreren Pflanzenkrankheiten.

Nematizid: Pflanzenschutzmittel zur Bekämpfung von Fadenwürmern (Nematoden).

Netzmittel: Stoffe, die Oberflächenspannung von Flüssigkeiten verringern, so daß die Brühe sich auf der Oberfläche der Pflanzen besser verteilen kann.

Nützlinge: Lebewesen (wie z. B. Vögel, Fische, Insekten, Pilze, Bakterien und Viren) die sich von Schadorganismen ernähren und die daher bei der biologischen Schädlingsbekämpfung von Bedeutung sind.

Ovizid: Eiabtötendes Mittel.

Resistenz: Widerstandsfähigkeit eines Lebewesens gegen schädliche Einflüsse der Umwelt. Als Folge wiederholter Anwendung eines Wirkstoffes kann Resistenz durch Pflanzenschutzmittel ausgelöst werden, so daß die Auswahl widerstandsfähiger Organismen begünstigt wird. In der Tier- und Pflanzenzüchtung ist die Schaffung krankheitsresistenter Rassen oder Sorten eines der Hauptziele.

Rußtau: Schwärzepilze, die sich auf den zuckerhaltigen Ausscheidungen von Blattläusen, Weißer Fliege, Schmier- und Schildläuse ansiedeln.

Parasit: Tierisches oder pflanzliches Lebewesen, das sich in einem Wirt aufhält, und ihm Nahrungsstoffe entzieht.

Persistenz: Dauerhaftigkeit.

Pheromone: Stoffe, die noch bei höchster Verdünnung im Tierreich zur Regelung sozialer Beziehungen innerhalb der Artgenossen, wie z. B. Duftstoffe zur Revierbegrenzung, zur Anlockung des Geschlechtspartners wirksam eingesetzt werden können. Pheromone finden Verwendung im Integrierten Pflanzenschutz.

Problemunkräuter: Unkräuter, die durch Unkrautbekämpfungsmittel schlecht bekämpft werden können und deren Ausbreitung daher übermäßig stark ist.

Pyrethrum: Ein aus Blüten von *Chrysanthemum cinerariaefolium* gewonnener Pflanzenschutzwirkstoff, der gegen Insekten wirksam ist. Seine Giftigkeit gegen Warmblüter ist gering.

Saprophyt: Organismus, der auf totem Substrat lebt, dessen Abtötung er weder bewirkt noch ermöglicht hat.

Schaderreger: Organismen, die an Nutzpflanzen

direkt oder indirekt Schaden verursachen können.

Schädlinge: Pflanzen und Tiere, die dem Menschen und seinen Nutztieren, Kulturpflanzen, Vorräten, Materialien und seiner Gesundheit Schaden zufügen können.

Schmarotzer (Parasit): Organismus, der zur Befriedigung seiner Lebensbedürfnisse entweder ständig oder zeitweise auf oder in anderen Lebewesen haust.

Selektive Wirkung: Auslesende Wirkung; Pflanzenschutzmittel, die speziell gegen bestimmte Schaderreger wirksam sind und gegen andere Schaderreger wiederum keine Wirkung besitzen.

Sporen: Bei Bakterien, Algen, Pilzen, Moosen und Farnpflanzen ungeschlechtliche Keimzellen, die zur Weiterverbreitung der Arten dienen.

Stäubemittel: Werden im Pflanzenschutz mit speziellen Stäubegeräten ausgebracht.

Suspension: Spritzbrühe aus pulverförmiger Substanz mit Wasser vermischt. Die festen Teilchen, die nicht wasserlöslich sind, befinden sich im Wasser in einem Schwebezustand.

Systemische Pflanzenschutzmittel: Der Wirkstoff muß von der Pflanze aufnehmbar, transportierbar und begrenzt speicherbar sein. Die behandelten Pflanzen werden aktiv in den Bekämpfungsprozeß einbezogen und dienen nicht wie bei Wirkstoffen mit lokaler Wirkung lediglich als passive Giftunterlage.

Tiefenwirkung: Präparate mit einer Tiefenwirkung dringen in das Blatt ein, auch versteckt sitzende Tiere kommen mit dem Wirkstoff in Berührung. Tiefenwirkung ist besonders wichtig bei minierenden Stadien von Insekten.

Totalherbizid: Mittel zur Beseitigung eines jeden Pflanzenwuchses (z. B. auf Wegen und Plätzen).

Überschußbeizung: Man bringt eine nicht genau definierte Menge an Beizmittel zusammen mit dem Samen in ein Gefäß, das gut verschließbar ist. Nach gründlichem schütteln des Inhalts wird das überschüssige Beizmittel von dem Samen wieder abgesiebt.

Unterblattspritzung: Ausbringung von Pflanzenschutzmitten auf den Boden, ohne daß die Kulturpflanzen von der Spritzbrühe getroffen werden. Wird meistens bei der Ausbringung von Unkrautbekämpfungsmitteln angewendet.

Virose: Eine durch eine Virusart hervorgerufene Krankheit.

Warndienst: Kurzfristige Voraussage über das Auftreten von Schädlingen und Krankheiten in Verbindung mit termingerechten Empfehlungen für gezielte Pflanzenschutzmaßnahmen.

Wartezeit: Mindestzeit die zwischen der letzten Anwendung eines Pflanzenschutzmittels und der Ernte bei Pflanzen der der Ernährung dienen, eingehalten werden muß.

Wirkstoff: Bei Pflanzenschutzmitteln die wirksame Substanz, der meistens noch Lösungsmittel beigefügt sind.

Wirtswechsel: Für die volle Entwicklung müssen manche Parasiten die Pflanzenart wechseln. Dieser Wirtswechsel ist erforderlich bei Rostpilzen aber auch bei Blattläusen.

Wuchsstoffe: Synthetisch hergestellte Wirkstoffe, die in höheren Konzentrationen in die Wachstumsprozesse der Pflanzen eingreifen und dabei als Unkrautbekämpfungsmittel die Pflanzen zum Absterben bringen.

Zwischenwirt (Nebenwirt): Bei wirtswechselnden Parasiten die Pflanzen auf denen der Parasit sich vorübergehend aufhalten muß.

Register

Die fettgedruckten Seitenzahlen bezeichnen die Tabellen zum Bestimmen der Schädlinge und Krankheiten für die jeweiligen Pflanzenarten.

Register

Register